高校心理疏导

李东艳 王 艳 张阳阳 著

机械工业出版社

心理疏导的本质是将心理咨询临床经验应用于日常生活中。本书从以下几个方面系统地介绍了高校心理疏导工作开展的背景、原则、规律以及方法：高校心理疏导的本质；不同角色在不同场景中如何开展心理疏导工作；如何从内容与历程、关系与内在等角度去解构一段对话；如何在对话中调整学生的情绪、认知、行为等。本书适用于高校不同岗位的教职员工，包括高校心理咨询师、辅导员、班主任、研究生导师、任课教师等，帮助这些岗位的人员基于大学生的生活开展心理疏导工作。

图书在版编目（CIP）数据

高校心理疏导/李东艳，王艳，张阳阳著. —北京：机械工业出版社，2022.8
ISBN 978-7-111-71426-2

Ⅰ.①高…　Ⅱ.①李…②王…③张…　Ⅲ.①大学生-心理疏导　Ⅳ.①G444

中国版本图书馆 CIP 数据核字（2022）第 150851 号

机械工业出版社（北京市百万庄大街 22 号　邮政编码 100037）
策划编辑：梁一鹏　　　　　责任编辑：梁一鹏
责任校对：史静怡　李　婷　封面设计：吕凤英
责任印制：任维东
北京圣夫亚美印刷有限公司印刷
2022 年 10 月第 1 版第 1 次印刷
169mm×239mm・11.75 印张・164 千字
标准书号：ISBN 978-7-111-71426-2
定价：68.00 元

电话服务　　　　　　　　　　网络服务
客服电话：010-88361066　　　机 工 官 网：www.cmpbook.com
　　　　　010-88379833　　　机 工 官 博：weibo.com/cmp1952
　　　　　010-68326294　　　金 书 网：www.golden-book.com
封底无防伪标均为盗版　　　　机工教育服务网：www.cmpedu.com

PREFACE
前　　言

　　本书的读者，可能是经验已经非常丰富的老师，在常年的工作经历中，已经积累了大量与学生建立关系的经验，甚至已经有了很多成功的案例；也可能是初入职场的小白，年龄与学生相仿，甚至自己还处于职业迷茫期；有的可能有过与学生打交道的不良体验；还有的可能都没有注意到自己也能够对学生开展心理疏导。无论是哪一种，我们都觉得你拿起这本书真是太好了。因为我们就是想跟你一起探讨、分享——你心有戚戚的部分，就是我们确信的部分；你不认同或者困惑的部分，也是我们最想要探讨的部分。

　　本书的三位作者都是高校专职心理咨询师，有大量的授课经验和行政管理经验，其中两位老师兼任研究生导师。我们希望能够通过自己的分享激起各位读者的反思与讨论，如果各位能够辅以对自己大学生活的回忆去理解本书的意图，那就更好。

　　想想我们自己曾经经历过鲜为人知的艰难时刻，很多人的大学生活都充满了迷茫、困惑、孤独、悲伤、焦虑和恐惧。我们是如何闯过来的？如果细细地想，一定会有曾经帮助过自己的人——也许是有意的，也许是无意的。很可能就是在我们饥肠辘辘时，打饭的师傅多给了我们几块肉；也许是在宿舍晚归的时候，楼下宿管阿姨或者大爷温暖的絮絮叨叨；也许就是辅导员几句中肯的人生经验分享；也许就是某一门课上老师对自己发言的几句欣赏；甚至也许就是某个老师曾经在自己的开卷考试上给出的高分——这一切，就是一些俯拾即是却常被忽略的温暖、欣赏、尊重、祝福与倾听，又或者是我们被某个人的认可和关注。

人生真的很奇妙，爱就是这样传递的。学校里老师对学生的关爱，可能换不来对等的回报，但是学生却可以把老师对他们的关爱继续传递出去。就像今天，每一个阅读本书的人，就是在把我们当年从自己老师那里接收到的爱，再传递给自己的学生。

所以，我们只有一个小目标，就是让每一个阅读本书的人都有一个印象：哦，原来成为别人身边那个温暖的存在是这么必要，又这么简单！

它的必要，在于每一个人都是关系的产物，我们对学生的热爱，有可能会改变一个学生对学科的体验，有可能会改善一个学生的情绪，有可能会塑造一个学生的职业观，甚至有可能会挽救一个绝望的生命。

它的简单，在于无论是准备理解自己，还是理解他人，我们只需要在认知、情绪、行为三个层面逐渐地打开自己就好了。我们的内在有一个特点：越开放，越系统；越系统，越有弹性。

本书就是为了让读者有这样的感受而设计的：

第一~三章由王艳、李东艳撰写，主要是为读者理解心理疏导工作做一些理念上和态度上的准备；

第四~六章由李东艳撰写，主要是为心理疏导提供一些理论上的准备，这些准备将为我们开展心理疏导工作的语言和思维方式打下一些基础；

第七~九章由张阳阳撰写，按照情绪—认知—行为这个模型，分别提供了如何在这三个维度开展工作的技术；

第十章由李东艳、王艳、张阳阳共同撰写，通过案例、对话和分析三个部分，来展现在不同情境下，如何对不同的沟通主题进行工作。

希望各位老师在阅读此书后，能够不吝赐教，积极反馈。我们很希望与大家共同探讨此书的不足与局限，希望本书能够在更多老师的参与下，变得更加实用。

李东艳　王艳　张阳阳
2022 年 2 月

CONTENTS

目　录

前言

第一章　心理疏导的本质是人际支持 …………………………… **1**

　　第一节　为何心理疏导会有效 …………………………………… 1

　　第二节　高校学生的基本特点 …………………………………… 5

　　第三节　如何设立疏导目标 ……………………………………… 8

第二章　如何顺势而为地开展心理疏导 ………………………… **11**

　　第一节　巧妙使用自己的角色 …………………………………… 11

　　第二节　灵活使用情境 …………………………………………… 15

　　第三节　结合学生生活开展心理疏导 …………………………… 19

第三章　心理疏导的自我准备 …………………………………… **24**

　　第一节　自我准备 ………………………………………………… 24

　　第二节　自我觉察 ………………………………………………… 27

　　第三节　自我成长 ………………………………………………… 31

第四章　视角与表达 ……………………………………………… **36**

　　第一节　视角与表达之间的关系 ………………………………… 36

　　第二节　视角的多元与差异 ……………………………………… 41

第三节　表达的多元与差异 …………………………………… 45

第五章　内容与历程　53

第一节　区分内容与历程的重要意义 …………………………… 53
第二节　如何区分内容与历程 …………………………………… 56
第三节　区分描述与解读 ………………………………………… 62

第六章　个人内在运作模式　67

第一节　个人内在运作模式的几个维度 ………………………… 67
第二节　情绪、认知与行为之间的关系与转化 ………………… 72
第三节　现实与内在运作模式 …………………………………… 75

第七章　情绪联结调整技术　82

第一节　倾听 ……………………………………………………… 83
第二节　共情 ……………………………………………………… 90
第三节　反馈 ……………………………………………………… 94

第八章　认知思维转换技术　100

第一节　认知重构 ………………………………………………… 100
第二节　具体化 …………………………………………………… 108
第三节　面质 ……………………………………………………… 114

第九章　行为选择增加技术　119

第一节　外化 ……………………………………………………… 119
第二节　促进改变的问话技术 …………………………………… 123
第三节　学生心理危机中的行为干预策略 ……………………… 127

第十章 案例解析 ………………………………………… 135

第一节 情绪 ………………………………………… 135

第二节 自我认知 …………………………………… 142

第三节 学业 ………………………………………… 145

第四节 人际关系 …………………………………… 154

第五节 恋爱情感 …………………………………… 163

第六节 家庭 ………………………………………… 172

参考文献 ………………………………………………… 179

第一章

心理疏导的本质是人际支持

第一节 为何心理疏导会有效

一、心理疏导的本质是提供一种人际支持

心理疏导是在日常生活中结合情境为自己和他人安抚情绪、扩展认知，提供人际支持的一种活动。每个人都可以依照自己的生活经验去开展心理疏导工作。与心理咨询不同，心理疏导不需要特定的环境和行业规范，对于使用者在心理学原理、方法与技术方面的掌握程度也没有明确的系统性和专业性要求。只要开展心理疏导的人有仁爱之心，愿意关注对方，就会产生一定的疏导作用。

但是，心理疏导是否有效，则取决于它是否将心理学的原理、方法与现实情境有效地结合起来。高校老师在日常工作中，不但要教书育人，还常常要面对学生生活中的各种实际困难。有些困扰，其实是由学生的情绪以及认知的局限导致的，如果我们只关注行为与事实层面的困难，则事倍功半，欲速则不达。但是，如果在开展工作前，我们掌握了一定的心理疏导的理论和方法，先疏导学生的情绪，再在现实层面与学生一起面对困扰，则事半功倍。可以说，心理疏导工作是将高校思想政治教育落到生活实际的一个重要

途径，对大学生的心理展开良性的疏导与引导，能够引领大学生积极正向地成长、健康快乐地生活。

心理疏导工作中最有效的因素是关系性的因素。对于任何人来说，如果他能够感受到他人在主动地关怀自己，在尝试懂得自己，这件事本身就会起到支持性的作用。我们很多人可能都有过这样的体验，就是在我们的求学生涯里，常常是因为喜欢某一科目的老师而热爱这门学科，这就是关系的作用。这个作用平行于我们的师生关系及上下级的关系中，也平行在家庭生活的亲子关系和伴侣关系中。一旦一个人感觉在当下的关系里自己是被爱和被关注的，他的情绪就会得到极大的安抚。

所以说，心理疏导工作中最有效的部分是为疏导对象提供了更多、更有效的人际支持。如果在生活中能够懂得这个基本原理，我们的创造力和灵活性就会大大提升。

二、建立关系的三大法宝

1. 好奇是一切关系的开始

我们作为老师，不仅具备丰厚的知识素养与专业素养，也大多具有丰富的人生阅历，都是具有较高水平逻辑推理能力的人。所以，当我们听到学生因为现实困难而去抱怨、感到沮丧时，很容易以我们的人生经验去理解他们所处的困境，并很快帮他们想到解决方案。这些当然是我们能帮到学生的一个很重要的资源，但是，这些也有可能成为我们帮助学生的障碍。因为我们很有可能用自己的经验、理解和假设代替了学生的内在历程。

例如，一个研究生在完成老师交代给他的项目时，进程十分缓慢。也许他的导师会很生气，觉得这个学生的学习态度不好。如果这个研究生导师依照自己的假设去跟学生沟通，可能会批评学生的学习态度不端正，同时告诉学生这个项目与他毕业之间的关系，可能会提醒他做好时间管理等问题。可是，如果这个研究生导师有一定的好奇心，他可以先放下自己的假设。在跟学生沟通的时候，导师抱有一种探索的态度去询问学生为什么会拖延，学生的困难到底是什么，可能会发现这件事原因的多样性。也许是这个学生失恋了，目前正处在抑郁情绪下；也许是这个学生家中发生重大的变故，无暇顾及项目进展；也许是这个学生对导师产生了严重的误解，从而比较抵触导师分配给自己的项目。

当这个导师用一些探索性的语言去跟学生沟通的时候，如果学生能够感受到老师对自己的关怀，就能够充分地表达自己的情绪和想法，反而会更容易找到问题的关键点，从而更有效地解决问题。

2. 被尊重是关系的前提

教师的身份常常让我们获得很多的尊重，同时，被尊重的需要也是相互的。很多学生在跟老师相处的时候，常常只有听的习惯，却没有说的习惯；只有服从的习惯，却没有自主的习惯。如果在我们的师生关系里，这种沟通被固化和僵化地执行的话，学生就很难跟我们保持开放和信任的态度。试想，由于我们老师的身份，学生可能会把对长辈或是对父母的态度投向我们。如果这个学生跟父母的关系很好，他可能也会对老师很亲近。可是，如果他在家中常常是被严格地控制的，他跟父母的关系是服从与被服从的关系，他就有可能会把这样的态度投射到老师身上。当我们对他有一些指导和批评的时候，他的抵触情绪就比较大，谈话效果也会大打折扣，甚至起到了与我们期望相反的效果。

因此，作为教师，我们的身份既是资源，也可能是障碍。我们在师生关系中要尽量保持对学生的尊重。那么尊重体现在哪里呢？我们可以从以下两方面入手：一是在跟学生对话的时候，一定要先倾听，尽量能够听到和听懂学生的所思所想；二是在与学生沟通的时候，尽量少用一些比较"硬"的词，比如"必须""应该""一定"等，多用一些探索性的句子，比如"你怎么想？""你做这些事情有困难吗？""你可以有以下几个选择"等。当我们能够做到以上两点时，学生就能逐渐感受到我们对他们尊重与真诚的态度，他们也就愿意用更开放的态度来接纳我们的所思、所言。

3. 被懂得是关系的核心

教师与学生其实是一种合作的关系，而这种合作的前提就是信任。当教师在自己的言谈举止中表达出了对学生想要懂得的意图时，我们就更容易赢得学生的信任。人们的很多行为选择都是受情绪影响的，若想让学生有良好的行为输出，我们作为学生生活中的重要他人，就要十分注重情感的输入。当学生在师生关系中感受到老师是在关心自己，是试图在懂得自己时，学生就更容易以开放的态度面对我们的建议。这样的原理在其他的行业也是一样的。比如，如果我们是一个法律方面的求助者，去跟一个律师谈话，只有当我们觉得这个律师很懂我们之后，我们才比较容易信任他给我们出的方案。如果我们去医院就医，当医生很耐心地听我们的症状和忧虑时，他再开出诊断的方案，我们就更容易配合医生进行治疗。如果医生没有耐心，或者态度冷淡傲慢，即便他们很专业，我们也很难信任他们。

三、心理疏导的工作原理

从以上各种论述和例子可以看到，当两个人在对话的时候，实际上是这两个人的内在运作方式在互动。什么是一个人的内在运作方式呢？就是当他面对外界的刺激时，内在的情绪、认知与行为是如何相互影响、相互发生作用的。而心理疏导一共包含了五个相关的要素。

第一个要素是关系，就是我们如何看待自己跟学生之间的关系，是上下级的关系，还是一个平等对话的关系。

第二个要素是现实，学生面临的具体困难有哪些是可以在现实层面解决的。

第三个要素是情绪，学生在此时此刻的喜怒哀乐是怎样的，他有什么样的感受。

第四个要素是认知，学生在面对具体的情境时，如何认识自己，面对这个事情的学生有哪些固有的思维模式，有哪些需要调试的假设。

第五个要素是行为，学生在面对人际关系和压力的时候，有哪些行为选择的习惯，以及还有哪些新的可能性。

如果我们在跟学生互动的时候，同时关注到这五个维度，心理疏导的效果以及它能够持续的时间与强度就会大大提升。

第二节　高校学生的基本特点

高校学生大多处在18~25岁之间的青年初期末和青年中期，就大学生整体的心理发展来看，他们正处在迅速走向成熟而又未真正成熟的水平。

一、自我意识逐步增强

心理学家阿奈特（Arnett，J. J）将18~25岁这个年龄阶段命名为"成年初显期"，认为这是一个独立存在的时期，个体已经离开青春期，还没有进入完全承担责任的成人世界。与人生的其他时期相比，这个时期个体的自我意识突飞猛进，独立探索生命可能性的范围最大。大学新生常见的适应问题就是迷茫，以前目标非常明确，进入大学后，不知道自己想做什么，能做什么，要做什么。这是因为学生进入大学后，能够有时间与空间进行独立思考，他们会思考、探索大学与自己的人生之间的关系，会在不同的领域探索各种可能，会更加深刻地思索并认识到"我是谁"以及"我想要成为什么样的人"等。这其实是成人初显期最为主要的特征。大学阶段为这种形式的自我探索提供了良好的环境与机遇。

因此，我们在与大学生进行交流时，要能理解他们所处的年龄阶段就是一个自我意识发展突飞猛进的时刻，而不是他们爱瞎想，不是他们不爱选择，也不是他们沉迷于自我。大学生的自我反思与发展的本质是他们在进行自我探索。我们需要慢下来，仔细倾听大学生的内心，他们的迷茫是什么，他们的困惑是什么，他们希望的未来是怎么样的……如果我们没有意识到大学生自我意识强烈，自我发展需求旺盛，注重个人成就等特点，用说教、强制等方式教育学生，就难以发挥教育实效，反而容易造成压而不服、逆反情绪蔓延等被动局面。

二、情感情绪日益丰富

大学生的情绪内容趋于深刻和丰富，情绪的表达趋于隐蔽，情绪的变化也逐渐趋于稳定。但他们仍然会有体验更加深刻丰富，充满波动性与两极性、冲动性与爆发性、矛盾性与复杂性、内隐性与掩饰性等特点，具体表现为情绪波动大，情绪转换十分明显，热情激动、抑郁悲观、沉着冷静、躁动不安等情绪交替出现。他们会为学习、生活、爱情的成功而欢乐，为考试的失败、生活中的挫折而忧愁苦恼，为真理和友情奋不顾身，为丑陋和阴暗而义愤填膺。

例如，一个学生发了条朋友圈——"难过，想哭"，并配了一张一个人在雨里独行的图片。可能他只是看了场电影，有些入戏。大学生有时候刚刚还痛苦不已，过一会儿心情就云开雾散；或者本来风平浪静，又会因为某件小事而暴跳如雷。

三、容易接受新的事物

大学生思想开放、思维活跃，容易接受新理念、新事物；同时，他们学习能力强，能够也容易通过学习掌握新方法、新技术。同时，他们也可能会因为个人的局限，难以把握整体局势，不能全面分析利弊，对新理念、新事物缺乏辨别真伪的能力。例如，校园贷刚冒头时，少数大学生因为经济不宽裕而轻信校园贷的宣传，以为是新兴事物，方便简洁，便轻易贷款。贷款后，他们很快就被高额利息与人身威胁吓住，不得不求助家庭与学校。还有少数学生在大学里学习了网络编程与网络安全等知识与技能，经过刻苦钻研，他们的网络编程技术水平非常高，如果不加以引导与约束，他们可能会出现违纪违法行为。

四、渴望亲密关系

大学生的性生理基础已发育成熟，性意识也开始逐渐觉醒。他们渴望爱情，渴望与他人建立亲密关系。有的学生还没有掌握亲密关系的技能，例如不会追求，不敢表白，害怕拒绝别人或是被别人拒绝，不懂关系的经营与维护，等等。有的学生是爱情价值观还不成熟，往往凭着自己青春期的冲动，而把任何事物都看得很美好，过于理想化。一旦遇到问题，往往因没有准备而难以承受。有的学生因为亲密关系的结束而有强烈的挫败感，情绪不稳定，甚至很长时间沉浸在痛苦的情绪中无法自拔，从而荒废学业。

五、抽象思维迅速发展

大学生的认知功能已逐渐成熟，抽象思维迅速发展，认知结构日益复杂，为精确和快速获取信息创造了有利条件。他们对问题的思考也不再局限于寻求原因与结果的逻辑关系，而是把由经验决定的合理性判断也引入思考过程中，并把它当作重要的标准。虽然大学生在抽象思维方面已经有了迅速而明显的发展，但仍没有达到完全成熟的程度，主要表现在思维品质的不平衡，其思维的广阔性、深刻性与敏感性发展较慢，思维容易带有片面性。因此，在心理疏导工作中，老师的一个重要工作任务就是改善和拓展学生的思维模式。

六、意志水平明显提高

随着自我意识的增强，大学生自我调控的自觉性、主动性、社会性和持久性也在不断增强，能有意识地对自己的心理活动和行为实施控制，他们的自觉性、果断性、自制性、坚韧性等意志品质得到进一步的发展。例如，有的大学生能够独立迅速处理好学习、生活、工作等方面的一般性问题，但是在处理关键性问题或者采取重大行动时会表现得犹豫不决或者盲目从众（即俗称"随大流"）。

不同学生的意志水平也不一样。例如，在学习活动中，有的学生意志水平较高，能够坚持学习，不轻易被外界干扰；有的学生则意志水平低一些，容易受到外界环境的扰动，手机、游戏等会轻易夺走他们的学习注意力。有时，在同一种活动中，同一个人意志水平也有较大波动，心情好的时候，意志水平较高，能够全神贯注坚持很长时间；心情不好时，则显得意志不坚定，心烦意乱，无法专心致志地做事或者学习。

了解与掌握大学生的心理特点，有助于我们更深入地理解自己的工作对象，在开展心理疏导时能够更贴近学生。

第三节　如何设立疏导目标

心理疏导的目标可以很大，也可以很小，既可以聚焦于当下的某件具体小事，也可以着眼于未来的规划，还可以深入内心、探索自我。我们在开展心理疏导时，也要贴合学生需求、因人而异地制订目标，聚焦现实，重在实效。

一、如何发现学生的需求

在我们日常的教育教学和学生实践中，常常需要针对学生进行大量的行为指导工作，如何保证这些行为指导工作的有效性呢？当我们立足于发现学生的心理需求时，行为指导就会更有效，教育教学的效果也就会得到提升。

有些情况下，学生主动会表达他们的需求；有些情况下，学生没有主动表达他们的需求，我们可以根据学生的状态及时发现他们的需求。甚至，有些情况下，学生的需求是内隐的，我们需要去主动探索。

当学生有学业困难时，我们可以去询问他有哪些具体的困难，以及我们可以如何帮到他。当得知某位学生常常在宿舍呆坐，茶饭不思时，我们需要主动去找学生了解情况，询问学生是否发生了重大压力事件，是否有现实需求或者心理需求。当一位研究生告诉导师自己的项目完成不了时，导师如果马上告诉他应该怎么做，可能会漏掉一些关键性的信息，欲速则不达。"磨刀不误砍柴工"，越是紧急和重大的事情，可能越需要耐心地多了解一些信息。如果此时导师能详细了解目前项目的进展，学生实际上的困难，以及学生在说项目进展不顺利的时候的需求，反而可能事半功倍。这样的过程既让学生觉得自己被关心，也能让学生更清晰地了解自己可以如何更好地完成项目。

二、目标要结合现实与感受

我们在进行心理疏导时，如果能够聚焦于学生当下遇到的问题，帮助其解决现实问题及其引起的情绪困扰，就可以称为一次较为成功的心理疏导。学生竞选班长失败，我们通过心理疏导帮助其消除挫败的感觉，而不一定要将让其当上班长作为心理疏导的目标。学生总是不交作业，任课老师通过心理疏导，帮助学生意识到不交作业可能的后果，使其能够按时完成并提交作业，这也可以是心理疏导的目标。有的心理问题源于现实问题，现实问题处理好了，因此引发的心理问题也自然而然地得到了解决；有时候，则不是现实问题解决之后学生的心理问题就能够好转，这就需要我们在学生的情绪和认知上开展疏导工作。

当然，我们常常在心理疏导中难以同时兼顾学生的现实需求与情感需求。首先，心理疏导的目标不等同于满足学生的需求。例如，学生表达的需求是退学，但是我们在探索之后，发现退学只是这个学生在遇到人际关系问题后的解决方案，并不是他真正的需求。在这样的情况下，老师在与学生的对话过程中就要有一个目标意识，要把改善学生的人际关系以及增加学生的人际支持作为目标可能更合适，而不是把如何帮助学生顺利退学作为目标。

从以上例子可以发现，我们在与学生对话的过程中，要慎重处理避免我们自己的假设对目标带来影响，要全面结合学生的生活实际与学生的情绪感受，作为我们谈话的方向，要将我们对学生的心理教育和行为引导与学生的情感相结合。只有当学生感受到被爱、被关怀和被理解的时候，我们对他的教育才会发生实效。因此，在设定疏导目标的时候，切忌以自己的期待为中心，把焦点首先放到学生身上，才能使目标具备有效性。

当然，心理疏导不代表我们永远都是顺着学生说话，而是在进行教育和引导之前，一定要先去理解学生的情绪，让学生能够感受到被关心和被理解。理解学生的情绪，也不意味着就应该答应其所有的需求，而是要分析在他的所有的需求中，哪些是可以在现实层面进行解决的，哪些可能需要在心理层面进行解决。

三、心理疏导中的疏与导

"心理疏导"的目的是"疏"与"导"，疏通与引导都非常重要。我们与学生是明确的师生关系，在开展心理疏导时，明显的社会关系会使得学生对老师存在顺从心理，希望能够得到老师的帮助与指导。所以，我们可以尝试去理解、接纳学生的所思所想，但不代表仅仅是支持与赞同，而且在学生的情绪、想法、行为比较偏激时，还要采用"引导"的方式，可以通过批评、教育、建议将其引至正确的方向。只不过，在"引导"之前，要先做好"疏通"的工作。

例如，学生在打篮球时因为场地问题不小心与其他同学发生了碰撞，冲动之下跟对方动手打架，过后又因为担心受到处分而后悔不已，紧张不安。此时，我们的"疏通"应体现在共情学生的心理状态，让学生感受到自己被理解和尊重；"引导"则体现在指出学生行为不当之处。

第二章

如何顺势而为地开展心理疏导

第一节　巧妙使用自己的角色

心理疏导作为一种特殊的人际交往过程，要求疏导双方相互信任，这是心理疏导活动的重要条件和基础。而高校教师无论是出于教学科研的需要还是管理工作的需要，与学生日常接触多，彼此之间较为熟悉，双向沟通较多，容易产生共情，便于疏导。

一、教师开展心理疏导的优势

1. 多重角色的优势

高校老师在大学生成人成才的过程中承担着多重角色，有的是研究生导师，有的是专业课教师，有的是行政管理人员，有的是班主任或者辅导员，有的老师甚至一身兼多职。教师与学生常常是亦师亦友，融教育于管理或者服务。我们直接与大学生接触，能够充分了解大学生个体的兴趣与爱好，能够找到适合大学生个体心理特点进行心理疏导的方式。我们也可以利用自己多重角色的优势，帮助学生解决学业困难、经济困难、人际冲突等，从而在现实层面解决引发学生心理困扰的问题，达到心理疏导的最终目标。

2. 主动工作的优势

与心理咨询师主要依靠学生主动求助，且仅能在心理层面工作不同，教师在自己的日常工作中就可以观察到学生的所言所行,与他们攀谈所思所感,结合他们的实际生活积极主动地关怀学生,了解学生的难处,使用心理疏导技能及时提供帮助。

3. 直接建议的优势

在心理咨询过程中,心理咨询师一般都不会为来访的学生提供建议。他们的工作方向更多的是聚焦在心理层面,提升学生的心智化水平以及选择的能力。然而,对于一些大学生而言,他们的很多问题来源于现实因素,可能是由于经验不足,或者缺乏人际支持导致的。如果有人愿意主动倾听他们的心声,甚至可以在具体事件上给他们一些直接的建议和明确的指导,对他们来讲可以收获很多,也可以感受到更直接和有力的支持。

4. 深入观察的优势

心理咨询师在心理咨询室里听学生描述其现实生活中的问题,学生说什么,咨询师只能听什么。而现实情况究竟如何,咨询师并不完全了解,也无法准确构建学生的真实经历。比如,学生与宿舍同学有冲突,那么学生在咨询室里将原因全推给对方,咨询师即使对来访者的话存疑,也无法构建出全部的事实。而专业课教师或者导师、班主任、辅导员则可以通过观察甚至主动询问等方式掌握宿舍冲突的全过程,了解冲突双方的行为,为接下来的处理做好准备,而不会因冲突双方的一面之词而偏听偏信。因此,在心理疏导的准备过程中,可以主动调研与观察,深入与全面了解学生问题的真貌,以便顺利开展后续的心理疏导。

5. 资源统筹的优势

心理问题有很多诱发因素。大学生的心理困扰往往与学业困难、情感纠结、人际冲突、经济困难以及原生家庭等因素有着千丝万缕的联系。例如,我们经常在课堂上、校园里或者生活中与学生接触,更容易发现学生各方面情况的变化,了解学生心理状态的发展,因而可以更方便地从心理因素以外的角度切入而不引起学生的反感与抵触,从现实情况入手,层层递进,邀请学生自然地吐露自己的所思所想,因势利导,实现"疏导"的目标。

6. 行为干预的优势

如上所述，学生很少会出现单一的心理问题。心理咨询师往往只能通过面对面或者网络心理咨询这一渠道与来访的大学生建立关系、探索问题，陪伴学生成长与改变。老师们则可以发现问题，运用系统与平台的优势主动干预、影响学生，达到帮助学生成长、成才的目标。例如，针对某些自卑的学生，班主任或者研究生导师可以主动安排学生负责某项活动，推进其完成项目，帮助学生获得成就感，克服自卑感。还有，有的学生因为与室友性格不合，在宿舍生活十分痛苦，常常情绪低落、难以入睡，影响到正常的学习与生活。辅导员了解情况后，可以协助其调换宿舍，改变人际环境，从而帮助学生改善睡眠、舒缓情绪。

7. 形式多样的优势

我们可以引导大学生根据爱好与特长，组织和参与各项健康、活泼的活动，从而在不同场合灵活开展心理疏导工作。一是地点灵活，可以灵活地利用各种场合开展心理疏导，比如，可以将学生请到办公室，去教室查课，巡查宿舍，关心学生生活，与学生相约校园周边饭店，或带着学生在操场转圈。二是方式方法灵活，可以利用各种方式开展心理疏导，比如面对面地谈话，打电话，网络视频，微信/QQ互动，朋友圈互关留言，开主题班会，主题团日，宿舍谈心，或深度辅导等，开展心理疏导。三是时间灵活。在大学校园里，老师还在一定程度上担负着学生生活照顾者的角色，因此深入学生课余生活的时间比较多，也因此得以灵活地在各个时段开展心理疏导，上午下课时，中午吃饭时，下午实验后，晚上自习时，平日工作时，周末班级活动时，暑假社会实践时等，老师都有机会与学生进行近距离的接触。

二、教师开展心理疏导的劣势

1. 教师的身份容易让学生产生防御心理

学生小王因为抑郁到咨询中心主动寻求帮助。在咨询过程中，咨询师发现小王的抑郁情绪持续时间长、程度重，甚至有自杀的想法。经过讨论，小王同意咨询师将这个情况告知辅导员和班主任，让辅导员或者班主任陪着她去精神专科医院就诊。当咨询师与小王的辅导员与班主任沟通时，两位老师特别惊讶："她为什么以前没有告诉我们呢？她是我们的学生骨干呀，我们经常一起工作、聊天，关系很好啊……"

这两位老师的疑问也是很多高校教师在开展心理疏导工作时常遇到的问题之一。我们既是教育者、服务者，又是学生的管理者。在学生的心目中，老师是代表学校来管理他们学习、生活以及社团工作的人，是能够掌握他们评选优秀干部的实际评判者，是他们评选奖学金的重要审核人，是他们是否能够推优入党的重要推荐人，是其他老师发现他们有问题就要告知的学校里的小家长，是他们在学校闯了祸、出了事就要找家长沟通交流的负责人。因此，学生既亲近老师，又害怕老师，很难在老师面前真实地表现出自己所有的方面，尤其是不好的一面，因为学生害怕给老师留下不好的印象，从而影响自己的学业、思想等方面的评定。

2. 学生动力不足

学生小李最近总不去上课，任课教师通过班级同学、宿舍同学了解到，小李不上课时，就是待在宿舍里睡觉，于是主动找小李谈话，小李不情愿地来到学院办公室。任课教师苦口婆心地劝说了半小时后，小李也没有太大的反应。最后，任课教师无奈地让小李回去了。谈话后，小李上课的状态基本没什么变化。

任课教师小张了解了小李不上课的相关情况后，主动找到小李，希望通过早点干预尽早解决问题，帮助小李尽快恢复到以前正常的学习状态。但小李还没有主动发现自己的问题，也没有主动发生改变的愿望。因此，当他被动地来到老师办公室时，内心是极不情愿的；任课教师的心理疏导不能引起他的重视与共鸣，也就无法让他产生改变了。老师过早介入，过于主动的帮助，会让学生感到是被批评、指责，或感到被攻击与难堪。当学生没有放下心理防线、做好改变的准备时，老师的主动接近显得有些尴尬，收效也不大。

第二节 灵活使用情境

心理疏导相对于心理咨询工作而言,其时间与空间的设置具有一定的灵活性:一是不需要在固定的时段开展固定时长的谈话,二是不需要在固定和专门的地点开展工作。

高校教师的工作任务多,时间分散灵活,除了课程教学,很难保证在固定的时间做固定的事情,在这样的困难情境下,还要与学生开展谈心谈话工作,其工作难度和强度可想而知,所以,教师要灵活使用情境进行心理疏导。

一、时间的不确定性

高校老师希望能够与每个学生都能谈心谈话,开展心理疏导。但因为自己负责的事情多,面向的学生也多,很难保证每周在某几个固定的时段约谈学生,因此时间上充满了不确定性。

1. 时间安排的即时性

高校老师在做工作规划时,一般会在每周安排一定的时间专门找学生谈话,开展心理疏导工作。然而,常常是计划赶不上变化,要么是学生约了不来,要么是学生未约而至,老师们难以完全按照自己的时间安排来开展心理疏导。有的学生没有提前预约的习惯,不能如约而至,却不知道要提前告知老师;在已经提前约好学生的情况下,由于老师要临时参加紧急会议,或者有其他更加紧急的情况需要处理等,也会导致我们不能按照时间规划进行谈话。由于教师这一角色的特殊性,学生一有困难就会想到找老师,不管是凌晨还是节假日,老师们都可能接到学生的求助信息或者电话。如果是微信文字信息,或许老师还可以根据情况选择立即处理或者延后处理;但如果是电话,因为无法预判是否属于紧急情况或者危机事件,我们很难拒绝不接。以老师们的工作职责与爱心,一旦接到学生的求助电话或者信息,老师们就会不分日夜、不论工作或者休息,投入到对学生的心理疏导与关怀、关爱中。

这些问题又会导致老师无限制地投入工作，很难对时间进行合理设置。

2. 谈话时间灵活应变

老师在与学生开展心理疏导时，通常以解决问题与情绪安抚为主。时间安排的不确定性决定了老师无法确定每次心理疏导的时间，如果时间宽裕，学生合作性良好，则可能需要时间长一些。有时老师时间比较紧张，或者同时有多个事情在处理，也可能会以文字方式处理。有的情况可能与学生的差异有关，平时就开朗乐观的学生，遇到问题或许一时想不通，老师稍微点拨或者提示之后，坏心情很快就云开雾散；有的学生失恋了，正处在悲伤痛苦之中，简单地进行安抚劝解也无济于事；有时，我们好不容易花了很长时间打开了学生的心扉，学生开始信任我们，愿意分享自己的成长经历与心路历程，短时间的交流是没有效果的。

3. 突发事件的应急性

处理突发事件是老师的工作职责之一，尤其是与学生关系密切的导师、辅导员或者班主任。学生遇到突发事件后，学校一般会要求辅导员第一时间赶往现场保护和安抚学生，照顾好学生的身心健康。学生遇到突发事件后，一般都会有应激反应。赶到第一现场的辅导员是学生最熟悉、最亲近且最为依赖与信任的人。辅导员不仅需要立即调动自己的资源对事件做出理性处置，还要关照学生，评估学生的心理状态，疏导学生的紧张、惊慌情绪。

二、场所的不确定性

老师在学院一般都是和其他同事在同一个办公室工作，没有单独的谈话空间。有的学院会设置会议室或者辅导室，也是整个学院共用，老师有需求时可以去借用，可以解决部分学生对心理疏导私密性的需求。但公用资源有限，有时难以保证所有的心理疏导都能在固定、单独的空间里进行。这对老师提出了善用资源的要求。

老师的工作涉及学生的学业、入党、勤助、贷款、就业、评奖评优等方面，与学生接触多，对学生也比较了解。有时在处理某个方面的问题时，正好触及学生心理层面的问题。这个时候，我们不宜停下来，跟学生说"等我有时间了，去我们学院固定的会议室谈一下问这个问题"，而是要抓住时机，因地制宜地开展心理疏导，帮助学生解决心理疑惑，达到助人的最终目标。与学生一起用餐时，食堂或者饭店就成了心理疏导的场所；如在散步时遇到学生，散步的林荫大道就是心理疏导的最佳场所；去学生宿舍走访时，宿舍就是心理疏导的场所；去探望生病住院的学生，病房就是心理疏导的最佳场所。因时制宜，因地制宜，利用可以使用的空间，随时开展心理疏导，帮助学生走出心理困境，引导学生保持积极向上的阳光心态，健康成长。

三、方式复杂多样

最后，我们可以充分发挥自己的能动性，创造性地设计与开展心理疏导。

1. 不拘泥于谈话人数

我们常常会根据学生的具体情况找学生谈话。当学生的问题过于隐私，或者学生比较内向时，我们一般会找学生单聊。当学生宿舍出现问题时，老师们可能会把这一个宿舍的学生都找过来了解具体情况，开展心理疏导。

"张老师，马上要考试了，我们宿舍五个人都压力很大，睡不好觉，怎么办？"班主任张老师收到学生小刘的求助信息后，问清楚是哪五位学生有同样的问题，并将他们一起约到学院会议室谈话。原来同宿舍的小王最近游戏上瘾，为了省钱玩游戏，自己不买饭，总是委托室友帮他带饭，事后也不给钱。室友不好意思催他还钱。小王常常打游戏到凌晨，白天不起床，影响其他五个人的正常作息。室友向他提意见，小王觉得大家都看不起他，要么冲室友发火，要么暗自哭泣。室友不知该如何与他相处。

班主任了解情况后，先安抚小刘等五个人的情绪，然后单独找小王了解他的想法和感受。经过疏导，小王也认识到自己的问题，希望与室友和解。班主任请来五位室友，小王向五个人真诚道歉，并一起制订宿舍文明公约。

上述案例主要是要解决宿舍的人际关系问题。老师可以根据工作需要与学生问题的特点，在谈话时灵活地采用一对多结合一对一的形式，这样既能照顾学生的感受，又能解决群体的共性问题。

2. 不拘泥于谈话形式

提到心理疏导，大家可能首先想到的是要进行谈话。谈话是心理疏导的主要方式，但我们的心理疏导也不能仅限于谈话这一种形式。老师可以根据学生的性格特点，发掘适合学生的心理疏导方式。

学生小李平时不太爱说话，最近与异地的女友分手后，更加话少，常常发呆，好几天不出宿舍楼。同学们都很担心他。导师了解小李的性格，认为如果找其谈话，估计谈话过程不会很顺利。因为小李是班上的篮球主力，导师就让同学连拖带拽地拉着小李来到篮球场，陪着小李一起打篮球。连着打了3个小时篮球后，小李浑身是汗，虚脱地坐在地上。晚上小李给导师发消息说，"谢谢老师的帮助！我已经好了！"第二天开始，小李恢复了正常的学习与生活。

3. 不拘泥于心理问题

人的情绪情感常常受到所处环境与现实生活的影响。对于大学生而言，学业问题、就业问题、经济问题等都会影响他们的心理状态，而心理状态又会反过来影响其他方面。因此，如果经过分析和评估，老师发现学生出现心理问题的主要原因是具体的现实困扰，那么帮助学生解决现实困扰，不失为帮助学生解决心理问题的一个途径。

学生小陈不愿参加班级聚会，在班会上也总是坐在角落里，从不发言。学院老师了解到小陈来自边远地区，家庭经济状况不好，有些自卑，不太敢在公众场合发言，平时吃饭也是一个人去食堂简单解决。老师们理解小陈既自卑又敏感的心理，没有立刻找小陈谈话，而是在学院招聘实验室助理时推荐了小陈。小陈担任一个学期的实验室助理，常常要充当老师与同学之间的桥梁，做了许多沟通工作。到了期末，小陈不仅部分解决了经济困难的问题，也变得开朗起来，愿意和同学们一起说说笑笑了。这时候，老师们再找到小陈谈话时，小陈自述已经走出了刚入学时那种自卑又敏感的状态，变得自信起来。

我们在开展心理疏导时,因为时间无法确定,空间不能固定,方式灵活多样,给工作带来一定的限定与困难,同时让心理疏导这一工作充满创造性和无限的可能性。

第三节　结合学生生活开展心理疏导

高校老师工作任务繁多,责任重大,心理疏导只是其工作的一部分。在开展心理疏导工作时,如果老师能够结合其他相关工作开展,则更容易发挥出自己的专业以及角色优势,达到事半功倍的效果。

一、确定工作范围

尽管老师们需要关心、呵护学生,但不意味着只能针对个体开展心理疏导,在时间、精力与能力有限的情况下,还是要结合心理疏导的目标针对有需要的学生开展特定的工作。因此,我们可以整理一个需要开展心理疏导的学生的名单,这样就能做到工作有范围、有重点、无遗漏。一般情况下,可以将以下几类学生作为心理疏导的重点对象。

(1) 存在学业或者就业问题。例如经常旷课、成绩有重大滑坡,特别是存在学业警示、降级、退学、延期的问题,或者有实习困难、就业困难的学生。如果研究生的课题进展不顺利,不能如期开题,或者长时间没有科研成果,或者长时间不去梯队、实验室,也不与导师及梯队成员联系等,也需要辅导员关注与疏导。

(2) 存在家庭问题。例如学生曾经有过寄养经历,长时间的留守经历,家庭经济困难,自己反馈跟家人关系紧张,或者自己的压力主要来自于家庭的。

(3) 存在人际关系困难。例如学生可能基本不与他人交往;或者经常与他人关系紧张甚至有矛盾冲突等。有些人际关系困难可能是隐形的,比如学生反馈对他人没有任何期待，或者永远都是装好，即便有重大压力，也不愿意向他人求助；或者在他人看来比较偏执或者敏感，则更需要老师关心与疏导。

（4）存在生活方面的压力。例如学生体重暴增或者暴减，舍友反应学生有难以入睡、早醒等睡眠问题；或者学生个人卫生状况很差；有酗酒、过度抽烟的行为，或者沉迷网络游戏、网络连载小说以及电视剧等两周以上等行为。

（5）存在情绪或情感问题。例如学生失恋，或者通过网络向他人表露自己特别悲伤、焦虑、痛苦、压抑、绝望的心情，尤其是有些学生可能已经发生了自伤行为，或者发布一些悲观绝望的图片等。

（6）存在慢性病史、既往精神病史、自杀史等。例如学生患有让自己感到痛苦、治疗周期又长的慢性躯体疾病；学生可能曾患有抑郁症、强迫症、焦虑症、精神分裂症、双相情感障碍等精神疾病；学生有精神疾病家族史；或者学生曾有自杀未遂的经历，或者家族里有人曾经有自杀史或自杀未遂史。

（7）遭遇突发事件。例如学生遭遇重大变故、自然或社会刺激等。

此外，如果学生主动找到老师寻求帮助，老师就要尽快给予反馈，不负信任。

二、搜集基本资料

当确定好要为哪些学生开展心理疏导后，老师需要利用多重角色的优势主动搜集资料，做到"知己知彼"。

（1）学生的基本信息。包括生源地、家庭情况、父母的基本职业、经济状况等。辅导员可以从学生入学时填写的学籍卡等处查找到这些信息。

（2）其他重要信息。包括学生的学业状况、人际关系状况、情绪状况、行为特点等。老师可以从学生的期中、期末考试成绩以及任课教师那里了解学生的学习情况，通过班干部、宿舍长或者舍友等了解学生人际关系状况或行为特点,通过学生朋友圈、QQ 空间、同学反馈等了解学生的情绪状况或行为特点。

三、评估主要问题

对于以上搜集的信息与资料,老师需要进行整理与评估,以确定学生的核心问题,为接下来开展心理疏导工作提供方向。一般来说,主要从以下维度进行整理和评估。

(1) 现实维度。老师需要从资料与信息中了解学生的问题主要是现实层面还是心理层面。同样是学生的学习成绩下降,原因可能有多种情况,也许是学生的家庭出现重大变故、经济困难,学生不得不翘课打工,影响了考试成绩,也许是学生突然沉迷游戏、经常通宵影响了学习状态,或者是学生因失恋而情绪低落、无心学习,等等。产生问题的原因不同,疏导的方向就会有所不同。如果只是现实层面的问题,老师可以与学生一起探讨解决现实问题的方案,通过有效的人际支持来帮助学生缓解现实压力与心理压力,改正不合适的行为。

(2) 功能维度。学生的问题有轻有重,需要从功能维度评估其影响程度。例如,学生成绩下滑,是整体下滑,还是某几门新加的或不擅长的课程下滑?只是成绩有所退步,还是不及格?有几门不及格?是否会受到学业警示?是否会被退学?等等。学生内向,不爱与人交往,是完全不和人说话,还是有几个能说话的朋友?能说上话的朋友是舍友、其他班的同学,还是老乡、网友?等等。我们需要从繁杂的信息中分析问题的严重程度,对于不同程度的问题,干预的力度不一样。

(3) 时间维度。例如,学生沉迷游戏是刚刚发生的,还是近一周发生的,还是在大一考试成绩不理想之后开始的,或者是从大学之前就有的?了解问题发生的时机与形成的时间,对于理解学生的问题与评估问题的严重程度都具有重要的参考意义。

(4) 情绪维度。目前学生的主要情绪状态如何?如果学生情绪不稳定,首先要初步评估情绪的强度，还要评估情绪的类别。情绪的强度是指学生的痛苦程度是否较大，如果情绪强度较大，则需要心理咨询专业人员介入；情绪的类别是指学生是否有比较消极和绝望的情绪，如果有消极和绝望的情绪，也要联系心理咨询中心对其进行进一步评估。

四、建立合理期待

心理疏导的目标是根据对学生情况的初步判断以及对自己的边界、能力的初步评估，做出综合性的考虑。这个目标本质上是一个边假设边调整，从而不断丰富和变化的过程，而不是一个固定值。

（1）心理疏导的基本目标是提供人际支持。做心理疏导时，不需要了解学生所有的过往经历，也没有必要给学生进行人格层面的调整。心理疏导可以帮助学生缓解压力、疏导情绪，对学生的基本现状进行综合分析，教师要在实现"让学生觉得不是孤身奋战、而是有人陪伴支持"的基本目标基础上，确定自己心理疏导的可行性目标。

（2）在提供人际支持的基础上，需要确定自己的边界。这个边界包括自己的职责范围和能力范畴。有时候学生或者家长对老师的期待很高，我们在与家长和学生沟通的过程中，如果发现有他们的期待超出我们的职责范畴或者能力边界之外的情况，要进行清晰和坚定的澄清，告诉他们我们可以做什么，不可以做什么，哪些事情需要合作来完成，这样就方便我们与学生及其家庭的合作。

五、利用优势开展工作

在开展心理疏导的具体过程中，老师会遇到各种各样的困难与问题，应充分发挥能动性与创造性，利用自己的优势开展工作。

1. 综合帮扶

当学生的一些心理状况与现实困难有关时，通过具体的方法帮助学生解决现实需求是缓解其心理压力与情绪问题的一个重要疏导目标。综合帮扶包括对学生学业、经济、人际关系、生涯规划等多方面的帮助。这些不同的部分分别由不同部门主管,如果能够促进学生向不同部门寻求帮助,或者主动与相关部门进行合作,则更能够帮助学生全面发展。

2. 多种角色与情景的转换

心理疏导过程的本质是与学生进行联结,是一个创造性的过程。下面以一个实际发生的故事为例:一名新生入校一个月,男生,身材比较瘦小,人际关系中显示出自卑的情绪,不善与人沟通,而且从来不参加同学组织的活动。老师主动发短信邀请学生来办公室交流无果之后,于是主动到学生宿舍看望这名学生,并以自己刚刚毕业,与学生年龄比较接近的特点,邀请同学跟自己一起出去走走。在此期间,老师主动跟学生攀谈,了解学生的兴趣爱好,发现他很喜欢打羽毛球。于是,老师就邀请他跟自己一起打球,开启了学生的适应新生活之路。很多新生对环境的适应问题,都可以通过类似的主动组织的体育类、社交类的团体活动得到改善。

3. 使用主动关心的力量

主动关心同学是心理疏导应做的工作。在大量的工作案例中显示,我们常常要面对一些自己没有求助动机的同学,但是他们的行为却被其他同学担心,可是自己不自知,或者没有改变的动力。例如,学生有不出房间,不上课,每天晚上玩游戏,白天睡觉,卫生状况差,干扰他人入睡,人际关系冲突等情况。这样的学生常常能够在他人主动关心下发生变化。他人主动的关怀会改变他们对关系的体验以及对这个世界的认知,他们可以在别人的关怀中看到自己对被爱、被关怀的渴望。

第三章

心理疏导的自我准备

心理疏导是心灵与心灵的碰撞，是生命的交流和对话，高校教师在开展心理疏导时往往是全身心地投入，并且付出相当的生命能量，这些都需要老师具备较高的个人素质，在开展心理疏导时能够提前做好相关准备工作，具备敏锐的自我觉察能力，不断自我成长。在心理疏导过程中，老师的这些个人素质对于心理疏导关系的建立、目标的达成及效能都有着非常重要的意义。

第一节 自我准备

心理疏导的目的是促进学生成长、自强自立，学生只有学会如何去思考问题、如何应对与处理问题，才能真正从中获益，举一反三，在今后的生活中学会自己面对与解决自己的问题。因此，在心理疏导过程中，老师应遵循助人自助的原则，真正考虑学生的长远利益，为学生着想，为学生负责。

一、环境的准备

情境灵活性是高校教师开展心理疏导工作的特点之一，提前准备好情境，利用好情境的优势，从而可以将不稳定因素的影响降至最低。

1. 安全物理环境

学生小王近期因为家庭原因出现了抑郁情绪，甚至有一些消极的念头。

研究生导师发现其状态后，赶紧约小王在实验室谈话，谈话进行得很顺利，快结束的时候，同一实验组的老师正好进来，坐在桌前听了一会，突然说："你这孩子真有意思，平时又积极又能干的，怎么也有这么多负面的想法啊？"这句本意是劝慰的话，让本已趋于平静的学生又感受到了强烈的被评价之感，站起来就冲出了办公室，幸亏在走廊里遇到同班同学，才没有进一步酿成严重后果。

需要进行心理疏导的同学往往具备两种特征，一是平时缺少交流对象，二是心里有话，但是没那么容易说出来，因此对他们的心理疏导工作需要在一个相对独立、安静的环境中进行，让谈话既不会轻易被打断，也不会被其他人听见或插话，带给谈话对象足够的安全感和稳定感，保证谈话时其情绪的流畅性。

2. 相对确定的时间设置

所谓确定的时间设置，是指在做心理疏导时，老师尽量提前与学生商量、预约时间，给彼此都留有时间准备；在开展心理疏导的过程中，尽量预留充足的时间，但不要拉得太长，以 20 分钟至 1 个小时为宜，因为毕竟人的专注力有限。在开展心理疏导之前与之后，都给自己留出一点时间，之前做好相关准备，之后继续思考与及时总结。具体的时间可以提前商量，如果临时有变，也可以及时调整，但是当我们提前安排的时候，就给自己和对方留下了充足的准备时间，这些时间有助于提升学生的动机水平，也方便我们有规划、有节制、有预留、有反思地开展心理疏导，也就是能够掌握心理疏导的节奏，在不确定中找到了相对确定，在不稳定中建构了相对稳定。

二、对疏导对象的准备

俗话说，不打无准备的仗。我们要开展心理疏导，首先要充分了解工作的对象。往往是学生出现了一定程度的问题后，我们会主动找其开展心理疏导，提前了解这位学生的问题，尽可能搜集更多的信息，例如通过任课老师了解其课堂学习的状态，通过宿舍同学了解其生活状态，通过班级骨干了解其班级表现与人际交往状态，通过朋友圈、QQ空间等了解其自我评价，通过家长了解其性格特点与过往经历，甚至有时会通过学校心理咨询机构了解其心理状态。我们把这些信息整合在一起，去分析、思考学生目前的问题与这些信息之间的关系，即可考虑学生的性格特点与谈话的内容，并思考谈话的目标与框架。当这些部分都准备好以后，我们再邀请学生进入谈话过程，用此时此刻真实的人、情绪与事实去不断形成、填充、修正我们原本对问题的理解与假设。

三、自我准备

教师自己做好准备是有效心理疏导的基础，就像在健康的水域中鱼儿才能自由成长一样。然而，我们并不是每时每刻都可以投入到与学生的谈话中，在被杂事缠身的时候，当刚刚得知自己的某个申请没有通过的时候，在身体不舒服的时候……这些都会影响我们和学生谈话的状态。因此，心理疏导工作，除了保证谈话有安全、稳定的物理环境，还要准备好安全、稳定的身心环境。

要想做到有效的倾听，听者需要处在一种稳定的、接纳的状态中，但在访谈中有老师提到，我们不是生活在真空中，每天面对繁杂的工作和生活，跟学生谈话时常常会心神不宁，有时甚至身体不舒服，也得坚持进行谈话，非常影响效果。我们无法保证只有在身体绝对舒适时再开展工作，我们可以做的是，尽量照顾到自己的身体感受，例如舒适的空调温度、软硬适中的靠垫、温暖幽香的热茶等，这些都可以让我们的身体有更舒服的感受，让焦虑、紧张的情绪从放松的身体里消失。

为了提升自身的稳定性，这里介绍几个简便易行的小方法，可以帮助大家快速地从繁杂的思绪中回到此时此地，进入稳定放松的状态。

1. 腹式呼吸（所需器材：无，耗时：1~2分钟）

第一步，将双手自然放在腹部，通过鼻腔缓而深地吸气，心里从1数到3，让空气缓慢地进入肺部最深处，同时手感到腹部慢慢鼓起来；第二步，通过口腔缓慢吐气,同时心里从1数到3。一次吸气一次呼气为1轮,4~5轮为一组,你会发现,自己的状态稳定了很多。

2. 蝴蝶拍(所需器材:一个座位,耗时:2~3分钟)

这是帮助我们增加安全感和积极感受的一种简单方法。找一个舒服的姿势坐好,全身放松,双眼可以闭上,也可以微微眯着,先做两组腹式呼吸,将手臂交叉放在胸前,左手手掌搭于右肩,右手手掌搭于左肩,双手模仿蝴蝶的翅膀,轻柔地拍打自己。左一下,右一下,为一轮,4~6轮为一组,一组结束后,做一次腹式呼吸。

3. 肌肉拮抗放松法(所需器材:一个座位,耗时:3~5分钟)

这个方法的原理是通过收紧某一处肌肉群,坚持5~10秒后放松,体验紧张和放松的差别,这样逐一地收紧和放松全身的肌肉群,最终使全身肌肉都处于放松的状态,进而达到情绪放松。这种方法具有熟能生巧的性质,每天练习1~2次,几个月之后,我们就能迅速让紧张的肌肉达到放松的状态。

具体的练习顺序如下:手掌握紧拳头,5秒后放松;双臂平举,与肩膀成一条直线,腕关节向上弯曲,尽量使手指指着肩部,保持手背和前臂肌肉的紧张感,10秒后放松;耸肩,肩部肌肉紧张10秒后放松;做两次深呼吸,感受背部和胸部的紧张,持续5秒钟,吐气,放松;臂部用力并压住椅座,感受臂部紧张10秒钟后放松;抽紧腿部肌肉,伸直双腿,肌肉紧张10秒后放松;双脚脚趾向上,并逐渐抬起双脚,注意双脚和小腿肌肉的紧张,10秒后放松。

第二节 自 我 觉 察

心理疏导是学校教育中特殊的人际关系,不是单向性的灌输式教育,而是引导性的人际互动。在心理疏导过程中,老师与学生的关系对心理疏导的效果至关重要。所以,老师的个人反思与素养的提高是决定心理疏导工作深度与广度的重要因素。

我们保持自我反思与觉察，不断提升自我，也是保持自身活力、心理健康及整体素质的重要基础。自我觉察，是指在心理疏导过程中，我们能对自己的价值观、需要动机、未完成事项、能力与职责限制、感受和状态以及文化差异等有清楚而深刻的认识和敏锐的体察，同时受正确的信念、世界观、价值观的调节支配，能坚持原则，使行动达到既定目的。具有自我觉察能力的教师，其思想和行为既有原则性又有灵活性、策略性，更能有效地、自主地达到心理疏导的目标。

一、对价值观的觉察

高校教师作为高校思想政治教育的重要力量，担负着大学生的教育引导责任。在与大学生沟通交流的过程中，教师必须有一定的价值取向与倾向性，这在思想教育工作中尤其明显。我们对价值观的觉察的首要任务是要保持对自己价值观的觉察，是要清楚了解自己的价值观，能够清晰地知晓"我是谁""什么对我来说是最重要的""我所做的事情的意义是什么"等问题的答案。这样才能在心理疏导过程中触及价值观问题时迅速做出反应，理解学生现实问题背后的价值观困惑，调动自己资源并回答，做好帮助学生界定其个人价值观的准备。

同时，心理疏导不同于一般的思想教育工作，如果只是单纯的灌输教育与价值输出，学生不一定能立刻理解与认同，也就不能称之为疏通与引导了。学生只有在感受到自己被理解、被接纳、被尊重时，才更容易敞开自我、接受差异、产生改变。因此，我们对价值观觉察的第二个任务是要对价值观保持一定的敏感性，一方面，先去倾听学生的所思所想，尝试理解他、接纳他；另一方面，还要发现其价值观与主流、主导价值观的差异，恰当处理与学生价值观的差异、矛盾和冲突，旗帜鲜明或潜移默化地影响他、引导他。

二、对情绪与感受的觉察

心理疏导工作把理解与共情放在重要的位置，让工作对象觉得我们是真正地理解他，因此教师需要具有高度的情绪敏感与觉察能力。情绪敏感是指我们对心理过程的敏感程度。情绪觉察是指在日常生活中，教师能够及时、准确地发觉和感受到自身某种或某几种情绪的产生、流动和平息，并能较为准确地了解该种或该几种情绪的来源。每个人都能觉察到强烈的情绪，而大部分人都很难觉察细微的体验。随着自我觉察能力的提升，我们的敏感度会提升，会越来越能觉察到细微的心理过程：

（1）我们的情绪是什么？我们体验到了多少种情绪？分别有多强烈？哪些可能还没有发现？

（2）我们的行为是什么？我们说了哪些话？自己又自言自语了些什么？有哪些具体的行为？

（3）我们的认知是什么？我们当时有哪些想法？哪些是自动冒出来的？哪些是思考出来的？我们思考过程是什么？其中又体现了我们哪些底层的信念和价值观？

（4）我们的需要是什么？该场景和情境激发了我们哪些需要？潜意识里可能还有哪些需要？哪些需要是家庭经历导致的个人需要？哪些是同一个社会、文化的共同需要？哪些是人类的共同需要？

（5）我们的自我是什么？与该场景和情境相关的，我们的自我需要是什么？自我认知是什么？自我调节的行为是什么？自我价值如何？

当我们能够从自身某种情绪或感受的变化分析出整个心理过程，就能够真正理解并且处理好这些情绪感受。

情绪觉察是心理咨询师的必备技能之一，也是心理疏导工作中常用的技术。在心理疏导的过程中，我们不仅要敏感与清晰地感受到工作对象（即学生）的情绪与感受，还要敏感与清晰地感受到自我的情绪和感受，因为我们很难不带情绪情感地工作，在心理疏导的过程中也会产生各种各样的反应。

或许是因为某个学生的经历让我们心生感怀，或许是某些言论让我们觉得特别不舒服或许是某类学生让我们格外关注。此时，我们要特别注意，务必要分辨清楚究竟是特定的疏导对象（即学生）激发了我们的反应，还是这类学生都能引起我们的反应。

三、对自我未完成事项的觉察

高校教师也是普通人，都受到国家、社会、学校、家庭等系统的影响，都有着自己过往的经历。既然是普通人，我们也会有自己的缺点或者弱点，也会有自己的特殊事件，生命中一些"未完成事项"，甚至可能会在成长过程中经受过"创伤"。这些未完成事项或者创伤，会在某个时刻因为某件事情被触发，引起我们的情绪反应。那么，在这样的时刻，我们要分清楚，这些情绪反应究竟是学生的问题引起我们的共情反应，还是学生问题引发我们对过往创伤或者未完成事项的情绪反应。如果我们特别容易被某一类人或者事件触动，那就需要反思，这是不是触及到我们的某种常见的模式、创伤或未完成事件。如果是，那我们则需要探索这些模式、创伤或者未完成事件，尽量理清并减小它们对我们自身及工作的影响。

四、对能力与职责限制的觉察

高校对教师的工作要求很高，几乎是全面的；教师往往对自我的要求也很高，对学生的教育教学工作都非常投入，希望自己能从各个方面都帮到学生。我们的文化中有知难而上的传统，也有量力而行的劝诫。不仅在心理疏导中，甚至在其他与学生有关的工作中，我们可以勇于承认自己的能力有限，对自己坦白、开放一些。一味地追求完美、全能，常常会使我们出现自我挫败信念："我为什么连这件事都做不好？""我都这么努力了，学生怎么还没有改变？"甚至，我们会产生自我怀疑："是不是因为我能力不够？""我根本就不适合做这份工作。"等等。

当我们能够承认自己并不是完美的，自身的能力有限时，才能够更清晰地划清心理疏导工作的界限，更清楚地了解心理疏导工作的有效性与有限性。心理疏导本身只是工作的一部分，能够在一定程度上帮助学生疏解情绪困扰，但并不一定能帮助学生解决现实问题；能够陪伴学生走过情绪低谷，并不一定能治愈创伤；能够主动出击帮助一些学生，并不一定能够对所有学生都有效果。当我们发现学生的问题其实是人生观、世界观、价值观的问题时，我们要果断地将价值观教育放在重心位置；当发现学生可能有心理疾病的症状时，一定要推荐学生去精神卫生专业机构就医诊断；当发现无论说什么或做什么，都不能让学生改变时，要尝试换一个人或换一种方式去做工作，并不是所有付出一定有所回报。当我们能够发现我们有所短，有所限时，我们反而会更加勇敢，有所为而有所不为。

第三节　自我成长

现在许多心灵鸡汤中都会提到"你能走多远，看与谁同行"之类的观点。在心理疏导这一工作关系中，工作实施者（即高校教师）对于工作对象的改变与进步有着重要的影响。这就对我们提出了一个基本要求要不断进步与完善。很多教师或许对于心理疏导这一业务并不熟悉，或许对于心理学知识及技能的掌握还不够熟练，但可能凭借自己已有的知识体系与真诚、尊重、接纳等品质让学生有所收益、有所成长。但是如果想要带领学生走得更远，就需要不断学习、不断成长。

当然，这里的成长并不仅仅限于知识、技能的学习与练习，而是指我们对人性的洞悉与理解，对自己的了解与接纳，以及自身对精神层面的探索和追寻。因为在心理层面帮助到他人，很大部分是得自于老师的人格魅力。具体而言，我们可以从以下几个方面着手，来实现自我学习与成长。

一、自我反思与总结

总结与反思是不断提高自我觉察能力和增强专业技能的一项重要措施和

手段。经常反思回顾，不断总结经验，既可以针对当前心理疏导工作或是个人生活，来检查和评估自己在工作和生活中个人的状态；也可以聚焦于一次心理疏导的过程，来分析和评估自己专业技能水平。自我反思与总结可以通过写反思成长日记、记录学生谈话过程、观摩心理疏导/咨询录像等方式来进行，这样就可以及时觉察自己的价值观、情绪与感受、需要动机、未完成事项、能力与职责限制等对心理疏导的影响，并进而适时进行自我分析和调整，保持对工作、生活的积极适应和不断提升。我们只有在深层次的自我反思和总结中，才能进一步增强自我认识和自我觉察。

刚入职的青年教师小刘发现自己最近比往常更容易着急，无论是自己在工作中与同事相处，还是在生活中与家人相处，都是如此。甚至有时候找学生谈话，开展心理疏导时，也不像以前那样有耐心。小刘梳理了一下最近的工作，发现快到年底了，工作任务太多，要结题项目多，感到压力太大；而男友去国外留学两年，归期还没定，这让小刘对恋爱关系开始有些不确定；这时家人又开始催婚，小刘原本想回家休息放松一下，却又不得不面对父母的关爱。这些都让小刘从早到晚紧绷心神，难以放松，结果小刘变得紧张不安，睡不好也吃不好，身体也开始出现一些反应。小刘意识到这些后，立即着手处理，将工作上的事情进行划分，优先处理重要紧急的事情；和男友坦诚内心不安，讨论两人未来的规划；安抚父母情绪，与父母相商如何不越界限地相处。当小刘把这些关系理顺后，压力小了许多，情绪、饮食和睡眠状况都有所好转。

二、专业学习与培训

心理疏导工作是一项极具挑战性、创造性的工作，需要我们时刻保持开放的头脑，善于接受和学习新的知识，勇于创新，不断提高辅导技能和方法。大学生的成长涉及方方面面，要能跟青年学生无障碍沟通，还要能在更高点引导他们，这无疑对我们提出了更高的要求。我们不仅仅需要系统掌握一些心理学知识，还需要学习哲学、文化、生理等基本知识，尤其是神经科学和脑科学知识。这样才能从生理、心理、社会、哲学等各个层面来理解与引导工作对象，真正实现"老师能走多远，学生就能走多远"。

当然，专业学习和培训不仅能帮助辅导员提高心理疏导水平，对教师自身的成长也非常重要。我们经常参加一些可信赖的培训课程或研讨会，就可以从中得到新的信息和思考，提高心理疏导技能，获得专业和个人的不断成长。成长包括专业成长和个人成长，两者相互补充、相辅相成。心理学培训和研讨，尤其是心理咨询类的培训与研讨，都是把自身的素质作为培训的重点，能够帮助我们解决工作和成长中的问题，对自我成长保持足够的自我觉察，促进专业能力的不断提升。培训和研讨应该成为我们的"加油站"，经由培训，我们能不断地认识和调适自己，以更加积极进取的态度继续工作和生活，不断提高工作和生活效能。

三、建立良好的支持体系

社会支持系统是心理健康的重要影响因素。一个人所拥有的社会支持网络越强大，就能够越好地应对各种来自环境的挑战。心理疏导工作的重要作用就是为学生提供社会支持。在理想状态下，高校教师也归属于大学生的社会支持系统。要为学生做好支持工作，首先就必须稳定自己，给自己建立强大的社会支持体系。心理疏导工作是人与人之间的交流和对话，是生命的接触和流露，教师在心理疏导过程中需要付出相当的生命能量。我们需要不断补充爱与能量，才能让心理疏导工作如有源之水一般汩汩而来。有品质的业余生活和良好的人际关系是我们生命力量的源泉，保障了我们支出爱与能量后的及时补充甚至滋养。

每个人除了工作，还有生活。在生活方面，我们可以培养业余爱好，激发生活乐趣，对自然、艺术、他人充满兴趣。一个对生活、对自然、对他人都充满好奇与友善的人，自然是一个富有爱心、热爱生活的人；也是一个能从生活中获得美好与力量的人。在人际关系方面，我们可以拥有美满的家庭，营造良好的家庭气氛，享受温馨幸福的家庭生活；可以处理好与领导、同事、下属的各种关系，使自己时常保持稳定健康的人际关系。人际关系顺了，家庭和谐美满了，心情自然也愉悦了。而且，我们还可以从这些亲情、爱情与友情中获得情感的支持，汲取力量和灵感，提高心理疏导工作的效能。另外，良好的支持系统也有助于增强我们的自觉性，预防和避免力量、灵感枯竭，保持心理健康和生命活力。

四、积极寻求专业督导

督导是一种特殊的学习方式，是指在有经验的督导师的指导、帮助下，学习和改进工作，以提高自身专业水平的过程。高校教师作为心理疏导的实践者，是学生内心的探索者，需要严肃对待，小心谨慎。我们在初学时，可以在督导者的引导、帮助下不断探索学生心理结构与特点，谨慎地尝试将自己所学的理论和方法运用到心理疏导过程，并且及时对已经开展的心理疏导工作进行反思，检查与改进在为学生提供心理疏导的过程中对于学生理解得正确与否，助人技巧掌握与运用得是否恰当。在督导的指导、帮助下，我们会不断提升专业技能和责任感。

接受督导是提升专业能力的重要方法，也是保持自觉、不断完善和成长不可或缺的过程。我们可以主动寻找有经验的前辈作为自己的督导，定期请教、探讨，寻求指导和帮助，不断增进自觉和个人效能。

五、不断追求自我成长

我们的状态与追求也会影响到心理疏导的对象及结果。心理疏导的最终目标是促进人的成长，我们作为引路人和指导者，也必须是一个不断追求自我成长的人。只有成为积极、热爱生活、健康向上的人，心理疏导才会更有效，心理疏导工作才有可能顺利、健康、高效地发展。

我们或许听说过近些年在高校教师队伍中出现的某些不正常现象，如不能正确处理一些工作、生活及个人问题而导致的教师本身工作效能和个人生活质量的下降甚至丧失,有的甚至发生恶性事件。这些教师不仅不能帮到学生,甚至可能会损害学生的利益。这些个案提醒我们,高校教师在职业生涯中需要保持一定的敏感度,对有可能影响工作和生活的因素保持敏锐的觉察,维护自身的心理健康和素质,才能使心理疏导工作保持应有的效能,促进心理疏导工作及事业健康、高效地发展。

第四章

视角与表达

高校教师的角色既是教育者、管理者、服务者，又要在这三个角色中顺势而为，开展心理疏导。这就要求老师们根据情境及时换挡，因为我们在不同情境下的节奏与表达都会不同。

表达本身不限于语言，可以通过舞蹈、音乐、戏剧以及语言发生，但是在不同的艺术形式里，可能会有以下表达的差异性。我们开展心理疏导，有的时候是与一个学生对话，有的时候是以学生活动的方式或艺术表达的方式与学生群体对话。老师对此变得敏感，并学会在不同的情境中使用它们，会让我们在以不同形式开展心理疏导的时候更加得心应手。

我们与学生的心理疏导的沟通是否有效，取决于我们对情境的敏感把握，以及对学生群体的准确判断。同样都是搜集到一组信息，有的老师可以采取这样的方式，有的老师则采取那样的方式，不同方式之间的根本差异在于我们如何建构这些信息，又通过哪种方式去使用这些信息，以什么样的组织方式去表达我们对信息的加工。

以下内容既适用于心理疏导，也适用于与沟通有关的情境，并同样适用于我们的生活。

第一节 视角与表达之间的关系

表达只是一种呈现方式，而呈现源于视角。我们的每一句话都以自己的视角为基础，采用不同的视角产生的对话内容也不同。

一、视角是表达的基础

我们的语言如何表述，取决于我们是如何看待这件事的。在一个有效的心理疏导过程中，对方卡住的部分，通常也源于他的视角。我们在对话中拓展对方的视角，本身也会有疗愈作用。

1. 视角的要素与维度

当某事发生的时候，我们通常比较急于下结论。好像每一个人都会有一个习惯性的看法和思维方式。但是，作为一个育人者，用自己习惯的视角和维度去分析一件事情是有风险的，因为我们很可能由于自己的局限而"以己昏昏，使人昭昭"。

我们要修炼自己的内功，在日常生活中要有意练习自己系统思考的能力。面对学生们在谈论一件事情的时候，我们不能着急下结论，而应慢慢梳理出其相关的维度，在自己的心里画出一幅系统的图像来。

比如，马上要到期末了，一个学生心情低落，不想参加任何考试，她向老师提出要休学；同时，她又告诉老师，因为她与父母关系不好，不想让父母知道，她休学后还想要留在宿舍，不回家。这个时候我们该如何做工作呢？我们的方向在哪里呢？

在这种情况下，我们发现无论对于她是否休学提出何种建议，效果都不太好。如果能够系统思考，把与此相关的维度或者要素考虑周全，就能够在这样复杂的情况下做出不缺项漏项，进而在最大限度上帮到学生。那么，哪些因素与上述情况相关呢？

（1）关于事件本身。休学请假是属于哪一个部门管理，其核心的相关规定是什么？因为情绪低落而主动提出休学的工作流程是什么？

（2）关于学生。学生本人自述情绪低落，以至于无法学习。这个状态本身对学生的侵害性是什么？有哪些风险？

（3）关于学生的人际支持。学生与父母关系不好，是否就不应该告知父母？学生的人际关系不好，那么谁在生活中关心与关注她？学生的学业出现困难时，除了休学，还可以寻求哪些帮助？

（4）关于我们的职责权限。作为老师，以上哪些部分是我们的工作范畴，哪些是其他岗位老师的工作范畴？

当我们把这些情况梳理出来时，就可以在自己的职责范围内工作，同时能够协同其他相关部门将学生以更加安全稳妥的方式进行安顿。

2. 系统中要素的结构

当我们能够以系统的视角来看待问题的时候，会发现系统内各要素之间彼此相关，并且随着相关度不同、亲疏远近不同，彼此之间的作用机制也可能会不同。

在日常工作中，那些年资高、经验丰富的老师在处理事情的过程中总是显得得心应手，无外乎就是他们更熟悉复杂系统内不同要素之间的关系，知道先从哪里开始，同时开展哪些工作，由谁去处理，如何去处理，关键点在哪里。

例如，某一宿舍内，一个女生发现自己的东西被偷了，价格比较昂贵，她怀疑是宿舍另外一个女生偷的。同时，两个人关系不睦，两年之前也有多次冲突。此前有老师劝解过，但是没有用，而且两个学生都不甚满意，双方都提出来对方应搬离宿舍。

这件事听上去是人际关系的问题，但是可能存在以下要素（见图1）。

（1）法律层面。是否存在偷盗现象？如何处理现实问题？

（2）道德层面。如果无法确认是否偷盗，那么是否存在道德问题？两个人在行为上是否有可以开展工作的部分？

（3）心理层面。两个人是否有心理层面的问题需要处理？两个人各自与其他人的关系如何，与家人的关系如何？她们的人际沟通能力是否有待提高？

（4）管理层面。是否会涉及宿舍管理、违纪处理的工作？

（5）教育层面。可能涉及宿舍的规则的制订、宿舍文化的建设问题，如何通过教育活动增强宿舍人际常识的宣传?

那么以上要素中关系是怎样的呢?

图1　复杂问题要素关系图

在以上的关系图中,也许我们可以看出,心理问题有可能是最初的问题。如果这个最初的问题没有被及时处理,随着机会的一次次流失,问题的性质可能会演变得越来越严重,从而形成恶性循环。

如果我们能够在心理疏导的部分解决两个人的心结,可能问题就不会愈发严重。所以如果心理疏导工作可以走在其他工作之前,就会省去很多其他工作。

当我们带着这样的思路面对寝室关系冲突这类问题时,就不会急于采用教育或者行政处分等方式去处理,而是带着探索的心态先去处理两个人的情感问题,这样我们的节奏就可以慢下来。

当然,在如何处理两个人关系冲突的层面,也依旧需要用以上方式不断细化两个人关系冲突的线索。以后会涉及处理她们之间关系的具体方式。

二、表达开启对话之门

心理疏导的基石是使对话双方形成一个开放的系统,而表达本身是在邀请这种对话的产生。我们的表达决定了这个邀请是否成功。

很多学生表示,在自己需要的时候,他们选择向哪一位老师求助主要取决于老师平时的为人处事风格。如果他们对老师平时的印象是耐心且公正的,那么他们就更容易信任老师。这就启发我们要在日常工作中注意语言习惯和表达方式。

1. 表达展示了思维习惯

我们在日常生活中的语言习惯展示了自己的思维习惯和惯性的假设。对自己的表达保持警觉，才能发现自己在表达背后的认知。

比如，当我们看到一个学生拎着好几份盒饭从食堂出来，也许我们会习惯性地说："你这么能吃啊，一次吃这么多盒。"可能学生会笑而不语，直接点头走了。我们的问题在询问之初就已经假定他买的所有盒饭都是给自己吃的，但是实际情况也许只是学生自己吃完饭之后，再给别人带几盒。

当然，举这个例子不是说我们说的任何一句话都要对，都要准确，也不是对自己存有太多苛责——它的重点在于，我们要小心，当自己在提问时，也就是在表达这个问题的那一时刻，我们就已经失去了答案，因为我们已经给出假设了。所以，我们的问题很可能会把对话引向一个远离真相的领域。这个原理不但体现在心理疏导工作中，也体现在其他对话环境里。

2. 表达呈现了价值观

当一个学生来找老师倾诉，她希望自己的学业更优异，这时候我们也许会有一大堆的例子告诉她如何超越自己。但是，如果多听她讲讲，或者听听其他同学的反馈，也许就会发现，她在班级里的人际关系不是很好，完成小组作业时，很难找到同伴，很少参加集体活动，或者发现她在家里不太被重视。

那么，她的问题本身可能不是她的困惑，她需要的是更深层问题的解决方案。她也许常常觉得自己是不被喜欢的，所以为了得到别人的欣赏，就要让自己变得优秀，久而久之，越不被别人喜欢，她就越要自己更加优秀。

所以，了解表达与视角的关系，我们不但会更加了解自己，也会更加了解他人。

3. 表达在发出暗示性的邀请

一个学生进入老师办公室的时候，如果看到老师的语速很急，言辞很犀利，也许就不太敢求助老师。如果学生看到老师微笑地看着自己，语速很慢，关切地询问自己有什么需要，也许学生就会假设，这个老师可能会有时间听自己说说烦心事。

所以，表达不仅限于语言，也呈现于表情；甚至不仅限于此时此刻的表达，可能还包括老师平时的为人处事方式。

三、对话的结果反馈于视角

我们与对方的沟通过程以及沟通结果，也会拓展我们自己对原本信息的建构、拓展我们的体验和认知，而这些部分会增加我们看问题的角度。

学生的反馈常常给我们惊喜，我们默认的结果有时候并不符合现实。有时候一个学生没有按时提交作业，可能是因为他对自己的要求太过完美。有时候，一个学生干部非常懂事，老师需要他时随叫随到，每一件事情都完成得非常完美，可能是以他牺牲自己的休息时间，顶着很大的压力为代价才能做到这一点，也许他是不敢说不，不敢违抗老师的命令。有时候学生见了我们总是躲着走，可能不是因为我们面目可憎，而是因为他很担心自己在老师面前表现得不得体。

所以，当我们了解表达与视角的差异之后，就需要高度重视反馈机制，邀请学生给我们一些反馈，或者邀请学生自己谈谈为什么会这样，而不是着急下结论，这样我们就更有可能增加自己的假设。关于具体操作的部分，详见后面关于反馈的技术。

第二节　视角的多元与差异

一、系统与个体

1. 系统视角与个体视角的差异

系统的视角强调的是每个行为的呈现都与系统有关，不存在独立的行为呈现。有时候看似个体的行为，实际上是在系统扰动下产生的。而个体的视角强调的是每个人都应该为自己的行为负责，它更聚焦于外在世界对个人内在的影响，以及个人内在的运作模式如何影响个人的行动。

假如一个学生被诊断为处于抑郁状态，长期自卑，同时学业不良，存在寝室人际关系冲突，自身不讲卫生。

系统的视角下包含很多系统。针对这个学生，有她在宿舍的人际关系系统，有她所在学校的教务、心理咨询以及班主任、辅导员、导师等人际支持和专业支持系统；也有她自己的家庭系统，她从小到大成长经历以及所在环境的区域文化。这些都是不同层面的系统，她的抑郁可能与不同的系统有关。

在个体的视角下，则更多地探讨她的社会功能，她抑郁的严重程度，她从何时开始有这样的情绪，她的思维方式如何影响她的情绪，她的情绪又如何影响她的行为。这些都是关于个体内在的视角。

2. 系统视角与个体视角的互补

在高校开展心理疏导，常常需要兼顾系统视角与个体视角两部分。个体视角的部分，我们更容易聚焦到个体身上，促进其个体为自己负责，无论处在什么样的情况下，自己的行为依然是可以有选择的；在系统视角下，我们则更容易找到解决方案，个体解决不了的问题也许可以通过系统的改变得到解决。还有很多不属于老师职能范围以内，但是又对学生有帮助的工作，也可以通过不同的支持系统帮助解决。学生在向我们倾诉自己的困难时，我们可以同时从系统和个体的视角搜集资料，探索心理疏导的路径。

二、概括与观察

在日常工作中，我们会遇到有的学生特别不愿意接近男老师，或者见到比较一本正经的老师时，就会离得远远的。如果我们有机会与他们对话，可能会发现他们其实是害怕原生家庭中比较严厉的父母，而某些老师可能比较像他们的父母，所以他们会对这样的老师敬而远之。

但是，随着接触时间变长，原本害怕老师的学生也许可以开始接近老师了，因为他观察后发现，这位老师跟自己的父母不一样，他只是在开会的时候比较严肃，但在平时还是非常和蔼可亲、幽默风趣的。

上述过程中包含了抽象概括和观察两种不同的视角。我们会发现，两种视角不分孰优孰劣，但是都不能过度使用。

1. 概括的优势与有限性

抽象概括能够帮自己把经验变成知识，从而把一个局部的经验应用到更广阔的范围内；同时，有些相近的原理也可以尝试如法炮制，以便举一反三，学以致用。

但是，这也会导致我们容易以印象看人，容易给人或者事情贴上标签。也许一个学生曾经在上课的时候两次被点名批评，他就概括出一个不恰当的结论，就是我不被老师喜欢，以致于可能连课都不去上了，这就属于过度概括，甚至是因错误概括引起的误会。

2. 观察的优势与有限性

中国的农历、《易经》都是古人根据对自然现象的观察而总结出来的智慧，观察始终是一种重要的获取信息的方法。

在日常的工作和生活中，我们观察到现在的大学生更加习惯于从抽象到抽象，从概括到实践。这样的习惯会容易让学生以过去的经验指导现在的生活，也容易让学生活在对未来的焦虑中。如果老师能够邀请更多的学生参与到观察中，也可以帮助学生以更加弹性的方式看待世界。

观察活动的内容可以包含观察自己的身体、感受，观察自然，观察人际互动，观察自己的面部表情，以及观察社会现象。在观察中，我们可以注意到这个世界的多样性，促进自己变得更加多元。

三、问题与资源

问题的视角，是指我们把现状当成一个问题，同时会寻找问题出现的原因；资源的视角，是指挑战永远与机遇并存，从压力的角度看到的问题，也许是另外一个可能性的开始。如果在垃圾堆里长了一个蘑菇，持有问题视角的人会思考为什么不清理垃圾堆；而持有资源视角的人则会看到生命力的旺盛。

1. 两个思维的逻辑不同

问题视角强调关注哪些问题导致了现状，只有搞清楚问题出在了哪里，才能更容易找到解决方案；资源视角是看目前的现状下，哪些资源能够帮助解决问题。

2. 探索的路径不同

问题视角更注重探索过去发生了什么，关注导致问题发生的原因。资源视角则更加注重现在所拥有的是什么资源，还有哪些解决方案。问题视角更容易面向过去，资源视角更容易面向未来。

3. 两者优势不同

问题视角更容易帮助我们找到现状卡住的部分，把限制性的要素寻找出来；而资源视角更容易找到更多的可能性，东方不亮西方亮，变废为宝，增加解决问题的创造性。在我们开展心理疏导的过程中，这两种视角都非常重要。

当一个学生跟老师说，他不敢上台发言，也不敢当众讲话，甚至总是尽量避免集体活动时，那我们可以同时根据问题视角和资源视角跟学生对话。

"你从什么时候开始这样的呀？"（问题视角）

"当时发生了什么呢？"（问题视角）

"在此事之前，你的语言表达能力怎么样呢？"（资源视角）

"现在你担心的是什么呢？"（问题视角）

"其他同学是如何评价你的？"（资源视角）

"那你现在跟我说话很顺利呀。"（资源视角）

"我看你书面表达还是不错的。"（资源视角）

"你虽然不讲话，但是大家都很喜欢你。"（资源视角）

"那你为什么现在提出这个需求呢？"（资源视角）

通常在一段对话里，我们要同时使用不同的视角，就像一部影片，有不同的故事线索，不同远近的镜头，才会让观众有更加丰富的心理体验。在心理疏导工作中，在不同的视角之间转换，才能让人既可以直面惨淡的人生，也可以活出生命的精彩。

第三节 表达的多元与差异

一、确定性与不确定性

确定性的表达在不确定的世界中更容易给人安全感，同时，不确定性的语言也可以训练人们的心理弹性，让我们拥有更多的可能性。

船在海上航行的时候，确定的部分是它有自己的方向，它的水手都是专业的，它的船长是富有经验的，船也是精心打造的；不确定的部分是海上的风浪，大海的波浪就是确定性与不确定的整合，我们看到的海平面是平静的，是它确定的部分，但是它的波浪始终起起伏伏，这个起伏就是不确定的。

1. 确定性的表达

确定性的表达就是在表达中强调一个事件中稳定的、几乎不太容易变动的部分，但是不代表我们对整个事情都是确定的。

（1）假设性的肯定："我知道你这一次旅行会遇到很多苦难，但是你总是很有耐力和有智慧，所以无论遇到什么艰难险阻，你也会跨越过去的。"

（2）描述式的肯定："现在是毕业季，肯定有很多同学像我一样非常焦虑。""你在这么复杂的情况下，能够做出这个举动，真的非常令人感动。"

（3）探索性的肯定："你刚才说你对自己不太有信心。如果信心按一百分算的话，你现在的信心有多少分？这个分数来自哪里？""你担心回到家后跟父母的关系会有冲突，那在你难过的时候，你觉得谁可以听你倾诉呢？"

2. 不确定性的表达

不确定性的表达更多的是看到并呈现事物的多样性与复杂性。

（1）假设性的不确定："即便我们努力了，但是依然有很多可能性。"

"考研究生一定是解决就业压力的途径之一，但可能不是全部或者说是最有效的方式。"

（2）描述式的不确定："在寝室里养这样一盆花，可能会给每个人带来不同的体验吧。""不知道你想到了什么，看上去脸上充满了兴奋与开心。""你的朋友圈选择性地只对一部分人开放，也许有你自己独特的原因吧。"

（3）探索性的不确定："我刚才看到你皱了一下眉，是有什么东西触动到你了吗？""听上去这确实是个非常大的事件，不知道它带给你的影响是什么？"

3. 两者的适用情境与作用

在我们传达一个文件、发布一个通知、确立一个规则的时候，确定性的表达显得非常地清晰和有力量。它让我们的心变得更加安定，可以花费更少的心思去进行选择。不确定性的表达通常会更具有包容性，也更容易获得不同的答案。

对待一个我们期望发生的事情，又想增加信心时，假设性的肯定就更容易给人希望感；但是，在对待结果不确定，又想避免重大失落的时候，假设性的不确定就会让人有更多的心理准备，接受多样化的结果。对待一些正在发生的事情，确定性的表达有时候会给人带来被评判的感觉，有时候会让人觉得心生默契；而不确定性的表达，无论是描述性的还是探索性的，会更容易让对话充满开放性。

二、评判与接纳

在面对是非对错的事实时，人们需要评判性的语言，这有助于我们找到自己的行为边界和规范；而非评判性的语言更容易激发创意，让人觉得被爱、被关注，从而激励他人做出更有意义的探索。

1. 评判的常见表达方式

评判也称为评价。现在人们好像不太喜欢评价性的语言，但自己也常常说评价性的语言。评价性的语言是生活中表达很常用的一个部分，评价会让我们有确定感,同时能够明显表达我们的立场。重点是我们如何使用评判性的语言。

(1) 以欣赏为主的评判:"嗯,你的这个报告写得逻辑清晰,态度也非常中肯,对这个事件的分析是非常精准的。""你在这个事情上很受伤,如果是我,我也会很受伤。这是人之常情。""是,我听了之后,也觉得你在当时的情况下能够做到这个程度,已经是竭尽全力了。"

(2) 以批评为主的评判:"你作为一个学生干部,平时是非常耐心细致的,在关键时刻做出这样的选择,我真的非常失望。现在你想想,如果再给你一次机会,你可以怎样选择?""这么重要的事情,你在做重大决策时应该与老师商量,自己做决定真的是非常鲁莽,这不太符合你一贯的风格啊,你怎么认为?""你因为害怕而直接放弃,这样损失非常大。以后遇到这样的情况时,一定要及时沟通,老师也会陪伴你。"

值得一提的是,在心理疏导工作中,也可能根据情境来选择以批评为主的评判,因为教师工作的实际情况确实需要对学生进行引导和教育。

以批评为主的评判注意事项:首先,不能因为强调一个错误的行为,而否定对方全部的过往,或者完全否定整个人,应该就事论事。其次,在批评之余,要注重保护,也要配合启发与教育,提出建设性的方案进行教育,促进反思,重点落在经验上,而不是在对错的结论上。

2. 接纳的常见表达方式

接纳不等同于接受和认可。接纳就像是用双手捧住温暖而不控制,坚定而不用力。我先观察现在呈现出来的部分,但是不着急去评价它。不先去评价它,不代表我们不可以评价,也不代表不能有评价,只是先看到它并允许它发生。先把评价和联想放置一下,等需要的时候再拿出来。评价与接纳是可以并存的。

如果我们看到下雪了,评判和自由联想的部分可能会想:"雪好大啊,路人滑倒怎么办?要是下雨就好了,为什么不是雨水呢?"接纳的部分是一面注意到自己的这些想法,一面还愿意去观察雪花如何慢慢飘落,去观察雪花的形状，看它如何落在屋顶上、树枝上，去玩味雪花在不同的光影下的亮度。

（1）对情绪的接纳。我们对情绪的接纳不等同于我们接受情绪表达的行为方式。一个人因为愤怒而伤人，我们接纳他的情绪，但是可以不认同他伤人的行为。接纳情绪是更多地看到这个情绪，甚至是为情绪的命名。

比如："你最近常常没精打采的，好像比较低落啊，怎么了？""嗯，我知道你现在非常生气，因为我没有及时回复你的信息。""我没有按照你期待的方式帮你，你当然会很失望了。"

在心理疏导过程中，如果在对方倾诉的时候，我们能够说出他们的情绪，同时又能够平和地表达出对他们的观察，对方就知道他的情绪被接纳了。

（2）对行为的接纳。对行为的接纳，通常发生在当对方的行为没有符合我们的期待，但是又没有突破底线，而我们希望扩容的耐受范围时。就像用压水井压水时，我们通常能接受它不能马上压出水来的状态，然后我们倒进去一瓢水，可能就会有很多水会被压上来。

"嗯，很好。你说你没有想好，这也是一种回答。还有其他人愿意讲讲吗？""本来想请你在下周二下午来我办公室值班，但是你有课的话就先忙你的吧，确实要以课业为主。""理解，人在情绪失控的时候比较容易说出冲动的话，虽然那些话不妥当，但是我知道你只是想表达自己很委屈。"

当我们选择性地接受了一些我们不喜欢但是可以接受的行为时，对方会觉得自己被接纳了，也就变得更加放松。在关系安全的环境下，一些建设性的行为会被激发出来。当然，也许对方依然故我，这也是有可能的，那就看我们是否愿意尝试去接受这些行为。

（3）对认知的接纳。我们很难接受一些思维方式和价值观，而对于一些观点，我们会觉得即便跟我们不同也无妨。对于那些我们想要更多了解的认知，我们通常表示出来的是对此很感兴趣，但是不一定要认同。

"这个想法很有趣，你可以再多说说吗？""你说和男朋友吵架后，你们的关系会更好一点,你是怎么得出这个结论的?""嗯,你在学习这个专业时遇到的困难还真挺多的,我明白了。"

(4) 对存在的接纳。所谓对存在的接纳,在这里是指,我们对"人"本身的接纳。每个人都会有不同的心情、观点和行为,但是排除这些,作为一个生命本身,也是需要我们敬畏的。狭义上,我们也可以把它简化为对一个人内在稳定的品质的接纳。

"我真的觉得这件事你做得不妥,但是你一向反思能力很强,应该可以想到转圜的办法。""你经历了很多常人难以想象的困难,真的是个很有生命力的人。""在没有工作经验的情况下,能够做到这个样子,你一定付出了很多努力!"

3. 两者的适用情境与作用

评判性的表达与接纳性的表达没有孰优孰劣之分,它们都是重要的,都是我们可以拥有的与这个世界互动的方式。重点是,在心理疏导过程中,我们的评判与接纳都是以尊重和好奇为前提,都是以如何有助于对方更愿意开放自己,或者更加欣赏自己,更加富有弹性和希望感为方向。

三、封闭与开放

封闭性的表达会更让人有确定感,同时会有明确的指示,在混乱和紧急的状态下,更容易达成统一的行动;开放性的表达,更适用于相对宽松、弹性的环境中,更容易激发内部成员产生不同的视角,扰动一个系统的差异性,使系统更具创造性。

1. 封闭性的表达

封闭性的表达主要是指相对有限的表达。它的表达方式比较像是一个菜单式的回应和提问,对方的回应一定是在选项以内。

"我很担心你现在的情况,你还是需要有个人可以在生活中关心你,我需要联系一下你的父母。你觉得我先给谁打电话会比较合适呢?""学校规定一个学生最多休学两次,你现在已经休学一年了,你是希望继续休学呢,还是先复学回来?"

封闭的表达更容易让人做出有限性的选择,同时会在推动的时候更加清晰有力。

2. 开放性的表达

开放性的表达隐去了我们对对方的假设,可以为对方留出空间,促进他产生更多、更充分的表达,尽量减少自己的预设带给回应的限制。开放性提问与封闭性提问相比,我们与对话人的距离显得更远一些,见表1。

表1 两种不同的开放性表达对比

	模式一	模式二
1	你昨天跟寝室同学冲突了,你今天对调宿舍的事情有什么想法吗?	你昨天跟寝室同学冲突了,现在你们的情况怎么样了?
2	你对自己的职业有什么规划吗?	你对未来有什么设想呢?
3	你好,你有什么需要帮忙的吗?	你好,有什么需要我做的吗?
分析	提前有些预设和限定	尽量减少预设和限定

在使用开放性的问题时,要小心自己的假设与预设。尽量在问题中褪去我们对一个事情的定义和预设,这样留给对方的空间就更大。

3. 两者的适用情境与作用

我们的预设本身会干扰对方谈话的方向和节奏,所以在建立关系阶段,多用一些开放性问题更容易为对方提供足够的空间,呈现自己本来的面貌。但是,在一些非常关键的问题上,如果我们想推动对方做一些强有力的改变,也需要一些封闭性问题,促进对方的行动力。

四、跟随与引导

在节奏和进程方面,表达也有跟随与引导之分。跟随的节奏较慢,更多是以对方为主,由对方来把握自己的进程;但是在引导的表达中,线索和节奏则会更加以自己为主。这些部分都各有特点,但是通常要结合使用,单纯的跟随与引导都很难建立良好的关系。

在具体操作层面,跟随与引导往往是无定法的,跟随的时候表现在以倾听为主,显得比较温柔,但是也可以很有力量,也可以多说一点;引导通常是多说一些,但是也可以用很温柔的话,或很少的话。所以,跟随与引导的关键不在于语气语调,也不在于话多话少,重在把握节奏与方向。

1. 跟随的表达

有时候跟随的表现是,我们仅仅是在接着对方的话题,无论反馈多少,绝不会超出他的话题,只是告诉对方我们懂了。

"我刚才听到你讲自己的故事,非常感动。你在青少年时代饱受欺凌,却把这样的欺凌变成了关爱他人的动力,变得这么追求公平和正义。"

或者,只是"嗯",点点头,甚至只是跟着深呼吸一下。这些都是在跟随对方的话题。

2. 引导的表达

引导更像是在叙事的结构中开辟了一个新的方向,或者在节奏上加大步子。

"你刚刚说你一向是很内向的人,不愿意向他人倾诉。有没有一些人,你非常愿意向他们倾诉呢?"

"在你的亲人离世后,你怎么纪念他们呢?"

"在我的印象中,你一直是个阳光大男孩,但是今天你寝室的同学跟我说你心情低落好一阵子了,你愿意说说吗?"

此外,还有快速与慢速的表达方式。在追求效率的环境中,快速的语言会让人觉得对方拥有强有力的坚定和自信;在探索性的、以关系为主导的环境中,慢速的语言更容易有被联结的感觉,更容易产生舒适感,更有机会被听到。

以上对各种视角与表达进行的演示,并不是说只有这样说才是好的——因为每一句话都发生在真实的互动之间,没办法离开上下文谈论一句话术。我们在真实的工作场景中,尤其是压力环境下,常常来不及思考这些,就直接开始进行心理疏导。但是作为育人者，我们可以养成修炼自己的视角和语言的习惯，同时警醒自己的思维习惯如何影响语言习惯，从而影响我们的谈话效果。以上所有内容，仅仅是希望我们能够在非压力状态下开展一些练习，让自己变得更加自知自省，从而在压力状态下变得更加游刃有余。

第五章

内容与历程

我们知道倾听是十分重要的。那么倾听什么呢？无外乎两部分，一是听对方在讲些什么，这是内容；二是听对方是如何讲述的，这是历程。两个人在讨论什么，这个就是内容；两个人如何讨论的，这个就是历程。通常，我们的倾听和观察的焦点都在内容方面，但是历程也非常重要，有时候历程甚至比内容本身的意义更加重大。接下来，我们开始讨论内容与历程。

同时，在倾听之外，我们也一定有自己的好奇和邀请。如何在倾听以后，邀请对方讲述得更多，从而丰富其叙述的层次呢？如果运用内容和历程的视角，我们就会在倾听和询问方面更加有的放矢。

第一节 区分内容与历程的重要意义

一、内容展示了叙述者自己的生命体验

1. 内容中描述了对方的经历

一个学生在谈论自己在初高中时代被校园霸凌的经历时，可能有很多让人听来不寒而栗的内容，我们只是听听都会难过和心疼，作为亲历者，这个学生在当时一定更加孤独和痛苦。那么，这样的经历可能带给他什么样的影

响呢？他是要自己更加强大，变得退缩，还是变得更加有策略，或者更加讨好别人？如果对方讲述自己的故事，我们一定要多去询问这类的问题，从而丰富他的叙述层次。

2. 内容中可以看到对方穿越这些经历的能力与经验

很多大学生都会有在初高中时代被人孤立，或者是人际关系非常糟糕的经历。有些学生可能直到博士，还记得小学时被好朋友背叛的经历。当我们在与他们对话的时候，一定要注意再补充询问一下他们现在的人际关系怎么样。如果他们现在的人际关系很好，原因又在哪里，这些经历带给他们的经验是什么，培养出他们具备哪些能力。有些学生被老师很严厉地批评过，但是他们现在依然很尊敬老师，也许是他们增加了原谅和自省的能力，增加了区分批评自己的老师和老师这个职业的能力。这些都是我们可能丰富的对话内容。

3. 内容中呈现了对方的时间线，有回忆，有现在，有未来

我们在与学生对话的过程中，要注意时间的维度。一个学生之所以现在对老师要与家长沟通这件事非常敏感，一定是他过去的经历令他对这件事有了自己的刻板印象；一个学生对分数非常看重，除了与他过去的经验有关，也可能与他对分数可能对自己的未来意味着什么有密切的关系。另外，对于一些从小就在别人家里长大的孩子，或者经常在不同时间去不同地点的学生来说，我们帮助他整理出时间线，就是对他极大的尊重，他本人也会在这样的历程中看到自己成长过程的艰辛。

总之，在内容里面，除了引人入胜的故事性，还有很多的维度，它需要我们作为听者，能够带着好奇和尊重，一点点地去发现学生的经历。也需要我们带着以上这些探索的框架，有意识地去询问和发掘事实的真相。

二、历程反映了对话过程中关系的进程

1. 讲述者在开展对话时与倾听者的关系呈现了他的人际关系模式

如果一个学生很容易信任自己的老师，可能他平时就是很容易信任他人

的人；如果一个学生与班主任在一起的时候非常被动，不爱讲话，也很有可能他与其他人在一起，或者说与老师、长辈和父母在一起的时候也是比较被动的。当然，学生跟自己的老师和同学在一起的时候会有差异。我们在这里更多的是想提示，有的时候，我们要有这样的视角，就是人与人之间关系的模式可能是会重复的。当我们意识到这一点的时候，就可以依据学生当前在我们面前的样子，为他做一个假设。当然，我们也允许自己修正这个假设。

2. 讲述者在开展对话时的叙述方式体现了他的思维模式

如果一个人带着指责在表达自己的需求，也许他的一个假设是别人需要为他的情绪负责；如果一个人在面对别人错误的时候常常能够显得很包容，也许在他的思维方式里认为每一个人都有可能会犯错误。当一个学生在讲述自己过往的时候，如果他能够带着感恩看待自己的过去，也许我们可以推测他内在的世界是比较有安全感的；如果一个人即便已经非常优秀，可是他看待自己的方式还是有很多的内疚和不满，也许是因为他内在有对自己的苛责。

3. 讲述者在开展对话时的节奏与语气体现了他的情感体验

我们在倾听一个人谈话的时候，可以注意倾听他的语速。语速快慢本身也能体现说话者的情绪，当一个人悲伤或者平静的时候，会使用比较慢的语速；当一个人比较焦虑和愤怒的时候，语速就会相对快一些。当一个人兴奋和愤怒的时候，比较容易提高音量；当一个人有太多不确定感时，就比较容易降低音量。当然，这些都不是确定的，以上这些例子主要是想说明我们在倾听的时候要注意对方的语速和语气。

三、关注内容与历程中的常见陷阱

1. 仅仅被内容吸引

当老师在处理学生问题时，经常会听到学生讲述一些"故事"内容，也许是一些比较严重的情况，也许是比较不常见的情况，比如与性取向有关，与学生的家庭关系有关等，这时候我们比较容易忘记"人"本身。当学生在向我们倾诉时，一定要小心，无论如何，我们要关注的是他这个人的感受如何，他如何应对，他对我们的需求是什么，而不是把注意力放在故事细节上。

2. 仅仅被情绪吸引

有时候，我们会遇到情绪非常糟糕的学生，也许是非常愤怒，也许是非常抑郁。我们可能会被这样的情绪吓到，但是无论这个学生的情绪如何，当下我们最需要做的就是去倾听和理解他。一个学生非常愤怒，在寝室里把别人的电脑砸了，把水壶也摔烂了。我们可能会被他的愤怒吓到，但是也许忽略了，其实他也一定有他的需要，他可能正在面临重大的人际压力。

3. 仅仅被行为表现吸引

在面对一个有行为问题的学生时，我们常常需要具备更多的耐心。他们看上去具有破坏性的行为可能是在表达一个需求。我们需要帮他们看到这些行为背后真正的诉求是什么，以及如何陪伴他们将诉求变成更有建设性的行为。例如，一个学生在教学楼关闭后偷偷藏在教室里面不出来，宁愿在黑着灯的教学楼里一个人过一夜，也不愿意回到宿舍。也许，与觉得他很古怪相比，更重要的是，我们要理解他的孤独。

作为倾听者，我们是要倾听学生的全部，而不是个别成分。

第二节 如何区分内容与历程

如果有个学生现在给我们讲述下面一段话，我们如何从这段话里看到什么是内容，什么是历程呢？

"我没有办法信任任何一位老师，你们每一个人对我来讲都有压力，你们都是一伙的。从小学到高中，没有一个老师喜欢我，无论我多么努力学习，他们也不喜欢我。你现在又来假惺惺地关心我，还不是担心我出事之后连累你吗？你就是想尽快说服我休学，让我回家，把我扔回家里。如果我出事了，也不怪你，我一定不会在学校出事，你现在可以走了。"

我们的老师在听到这样的话语的时候，如果能够听到学生描述的内容与历程，那么在回应和应对的时候，策略就会变得更多元。

一、内容的要素

1. 发生了什么

内容通常就包含在对方的表述里，就是他们直接表达出来的东西。从学生的讲述可以看出，这位学生目前处于有些危险的状态，但是不想要老师关心自己，也不想休学。从内容上来讲，老师可以提前了解这个学生到底有哪些危险的行为，以及休学这件事是谁来提出的。关于内容，我们常常要处理很多具体的事情，所以，在了解发生了什么的阶段，可以通过具体化的方式去澄清和了解一些事实层面的东西。这个具体的技术将会在以后的章节中讲述。

如果我们可以评估出学生正处于比较危险的情况，则优先处理危险的情况，把安全放在第一位；在时间允许的情况下，再慢慢细化内容中的细节，以及这些内容对讲述者的影响。

2. 事件的顺序

学生自述是从小学到高中都没有感受到老师对自己的爱与关怀。如果我们觉得需要，在时间允许的情况下，可以询问这个学生有什么具体的经历，通过具体化的行为对学生进行评估，看看这些表述到底是学生经历的事实呢，还是他的理解和感受。这个部分将会在本章第三节具体来讲。

在另外一些情境中，了解时间顺序也非常重要，如果一个学生说他以前十分开朗活泼，突然有一天他不爱说话，不愿意结交朋友，不想上课了，我们也许需要追问，那个时候到底发生了什么。

如果一个学生报告他的家庭关系非常混乱，家里出了很多麻烦事，在他讲述的时候，我们也可以拿出纸和笔记录一下他的家庭大事，把时间顺序理清楚，让他的家庭的流转看起来更加清晰。

3. 选择与行为

这个学生的自述，在大学之前，他一直在试图让老师关注自己，但是现在好像是在拒绝老师。每个人都会遇到很多困难和压力，也会遇到很多不愉快的事。在行为选择方面，学生的表现无外乎是几种类型：第一种是迎难而上；第二种是寻找替代性的解决方案；第三种是绕道而行，不把它当回事；第四种是回避这个问题，假装没有发生。这些选择方式本身无所谓好坏，重要的是哪一种解决方案能够帮助自己实现应有的社会功能。

另外，一般情况下，人的行为模式是相对稳定的。一个人在遇到压力时会做出习惯性的选择，通常会影响他正常决策的能力。如果一个人习惯指责他人，那么他在遇到困难的时候可能第一时间就会指责别人。所以，我们作为倾听者，重点是要看看对方在讲述自己的故事以后，到底做了什么。

二、历程的要素

如果我们只是倾听他的内容，跟着他的诉求去互动，那可能应该赶紧离开，才不会惹他不高兴。但是，如果我们能够在他所讲述的内容之外关注到他讲述的历程，则会看到更多的东西。我们所说的历程，主要包含以下几点。

1. 讲述方式

讲述方式是指他是怎么讲的，也包括他是怎么做的。这位学生表述的内容是再也不想相信老师，却一股脑地讲了一大堆话，甚至主动交代了自己从小学开始就不受老师喜欢，还曾经很努力想要博得老师的欣赏。这些话实际是在透露他很想要倾诉，很想要别人懂他。他讲话的方式其实是非常开放的，带着很多敏感的情绪。

俗语常常告诫我们，不要听一个人说了什么，而是看他做了什么。如果一个人坚定地说我再也不吃零食了，但他还是把零食往嘴里塞，那我们当然就知道，还是吃东西对他来讲更加熟悉。如果一位学生对老师表达愤怒的感情，可表达的方式是知无不言、言无不尽的状态，我们就知道，他一面是想被别人关注自己，一面又有很多抱怨和委屈。

2. 关系模式

关系模式是指学生在与老师对话时呈现出来的师生关系，往往带有与他生活中其他像老师一样角色之间关系的影子，即平行性。如果学生与家长之间有冲突，家长对学生管制得比较严，那么这些学生在面对比较强势的老师时，有的可能会变得格外顺从，有的则非常敏感而容易被激怒。如果学生与家庭之间的关系很好，通常他对老师也会比较容易信任。这些都说明，一个人的行为在原生家庭与自己的生活之间会有平行关系。

从他的话语中，我们可以感受到他与老师的关系分为两个阶段。在大学之前的阶段，他在讨好老师，而在大学阶段是在回避和指责老师。学生在与辅导员老师说话的时候，一边说你不要管我，一边又在倾诉。因此，他目前的关系模式是指责型，也是焦虑矛盾型的。如果用一个画面形容的话，就比较像是一个人一只手在指责别人，另外一只手却在向别人要爱，要关怀。这样的关系模式当然会让人不知所措。

作为辅导员，我们在与学生沟通的过程中，如果发现有这样的情况，最好是能够知道，学生会根据这个关系模式来决定自己如何与不同的人联结和交往。

3. 行为模式

正如上文中所讲，行为模式与关系模式一样，都具有一定的稳定性。学生在讲述的过程中，我们作为倾听者，最重要的就是要听到他到底做了什么。也许一个孩子非常愤怒地跟老师说自己要退学，可是说完这些话之后，他就赶去上课了。一个学生经常旷课，在寝室睡觉，不爱说话。在这样的情况下，老师还应该观察他对其他事情的态度如何，他什么时候会有行动，不仅仅是带着我们的判断去做学生工作，还要带着对他们的观察去工作。

三、内容与历程的整合

1. 资源与问题

在我们倾听一个人在讲述内容时，就要有资源与问题之分。

资源是指一个人拥有的内在的品质、能力、天赋或者外部的人际支持和环境等方面，有助于自己成长的因素；问题是指一个人在成长的路上遇到的困难。辅导员常常需要帮助学生成长，帮助他们解决成长路上的困难和麻烦。直接帮助他们解决问题就是授之以鱼，帮助他们发现自己的资源，陪伴他们自己解决问题就是授之以渔。这两方面可以兼顾，且兼顾非常重要。

如果一个学生说，我从小到大学习都很不好，总是要用相当于别人几倍的努力才能达到中等成绩。我们看到这个学生的问题和资源分别在哪里呢？他的问题是他从小到大学习都很费劲，我们不知道是智商的问题还是学习策略的问题，这些有必要进行进一步的探索；同时，他的资源是什么呢？是勤奋、坚持不懈的精神，他在这个过程中也可能积累了很多的感悟和心得。

同时，在讲述的历程中，我们也可以通过历程来探索对方的资源与问题。

比如，一个学生在表达自己有伤害自己的想法以后，拒绝我们跟他的父母沟通。假如这位学生很礼貌，同时这样讲："老师，我妈妈自己就是一个孩子，我从小到大都要照顾她的情绪，所以你告诉她之后，她会承受不住。"这位学生也可能很暴躁，同时这样讲："老师，你要是敢告诉我父母，我现在就做给你看！"

有礼貌的同学对话的方式是，希望我们理解她为什么不让我们告诉父母，是以理服人的类型，这个学生的表达方式让我们看到他其实也很在乎我们的感受，虽然自己有很强烈的想法，但是绝不让我们尴尬，而是让我们明白原委。这代表他有理解他人情绪的能力，而且有沟通的愿望。问题可能是他在一个关系中承担得太多了，比较没有自我。

与暴躁同学的对话里，我们看到他为了保护家人和父母，显示出自己很有力量的一面。同时，问题可能是他接收到外界的安全感太少，总是要靠一己之力去保护自己，他在生活中可能常常要独自前行。

所以，倾听就像一个光谱一样，可能听到很多层面的信息，而这些信息都是我们理解对方的通道。要珍惜每一条信息，我们看到这些信息之后，才有机会去了解这个人。

2. 认知与情感

一对学生情侣在分手后，其中的一方用言语威胁另一方，导致被威胁的一方非常恐惧，于是向辅导员求助。辅导员面临着两难的境地：如果找威胁他人的一方谈话，那很有可能激化矛盾，这会威胁到辅导员自身或者是被威胁方的人身安全；如果不找他谈话，继续观察，很有可能被威胁方处理不好，导致问题更加严重。

辅导员在处理这一类问题时，其实有一个通用的范式，而这个范式既可以用在危机干预中，也可以用于一般性的谈话里。这个通用的范式就是先谈情绪，再聊认知，最后聊行动。

当然，具体的回应内容和方式可以根据学生的谈话内容进行调整，同时在回应中跟他与他人的关系模式做一个连接。也就是，即便我们聊情绪和认知，也要兼顾内容和历程。

（1）先聊情绪：

"我看到你写给他的那些话了。我猜，你们的分手，对你打击很大吧！看上去你真的很愤怒。"（内容）

"是，在这段感情中，你付出了很多，有太多的委屈。"（历程）

（2）再聊认知：

"你就是希望他恐惧，这样他就能够回到你身边了，是吗？"（内容）

"你希望这样跟他说话，能够让他意识到到底伤你有多深。"（历程）

（3）最后聊行动：

"看上去这样威胁的结果好像事与愿违啊，他不但没有懊悔和内疚，反而更加恐惧，更要远离你。可能你本来是希望他能够反省，能够把注意力放

到你身上。"（内容）

"表达愤怒有很多种方式，我很诚恳地邀请你一起谈谈还有哪些方式能够表达你的愤怒，你愿意给我一个机会吗？"（历程）

3. 个体与系统

个体的意思，就是当我们在讨论学生所面临的困难时，常见情况是学生会比较容易自责，从个体的视角来看待自己所处的境遇。比如，如果学生遭受了不公正的待遇，或者学业受阻，或者失恋，他们比较容易从自身的角度去分析自己做错了什么，导致变成今天这个样子。这个视角的好处是促进学生自省，更加为自己的行为负责；同时，这个角度也有负面的效果，就是学生会陷入自罪、自责的怪圈中，如果不及时纠正，比较容易形成抑郁情绪。

系统的意思，是让个体能够在自省和为自己的行为负责时，也能够从系统的角度看到自己现在所面临的境遇。这个视角的好处是比较容易看到自己作为个体如何在系统中被复杂性影响，看到自己的局限性，更加接纳自己能力所限的部分；同时，在求助的时候，也就不单单依靠自己，而是学会使用系统。

当一个马上就要毕业的学生表示自己因现在无法毕业而非常绝望的时候，我们能够做什么呢？从个体的视角，我们可能要从情绪、认知和行为等维度与他联结，首先让他觉得我们愿意懂得他，同时他也被尊重和接纳；而且，由于这是个现实问题，我们也需要探索他如何能够毕业，也要从系统的角度去看看如何使用系统的资源帮助他实现这个目标，比如导师、家人、同学、学长，以及学校的学业指导机构，都有哪些资源。另外，也许心理咨询师也可以从心理咨询的角度帮助学生。这些力量协同起来工作，效果就会更好一些。

第三节 区分描述与解读

描述就是我们表达自己看到了什么，听到了什么，闻到了什么，触摸到了什么，尝到了什么；解读就是我们把我们看到的，听到的，闻到的，触摸到的，尝到的这些东西，进行思想上的假设、推断和判断，是对正在发生的事情给出我们的解释。

描述对于我们理解内容有很多帮助，通过描述，我们更容易评估内容的本质；而解读则让我们更容易发现对话的历程，一个人的解读包含了他的假设、思维过程以及关系模式。我们在使用语言的过程中，如果对描述与解读进行区分，就容易区分内容与历程了。

一、区分描述与解读的意义

"我妈妈不爱我。"请问当你听到这句话的时候，你觉得这个人是在表达他对自己经历的理解呢，还是在描述妈妈与他之间的关系？

其实，如果我们不仔细与对方讨论，很难确定他到底在表达什么，也许会有很多种不同的"事实"。也许这个孩子的妈妈是一名警察，公务非常繁忙，她非常地挂念孩子，不得已才把孩子寄放在自己的父母家，妈妈对此还感到很内疚。

也许这位妈妈与孩子的父亲离婚的原因是孩子的父亲曾经伤害过自己，而这个孩子与父亲无论是性格还是相貌都非常相像。妈妈一看见这个孩子，就想起孩子的父亲，所以对待孩子很少体现出关爱的态度。这位妈妈自己可能都不知道，自己不是讨厌孩子，而是讨厌自己的过去，讨厌前夫带给自己的伤害。

1. 我们可以借由描述，将学生的主诉具体化

例如，我们主动去找一个学生聊聊天，可能开场白是"你今天过得怎么样啊"，如果学生说："我没什么好讲的，我今天过得很一般。"我们会觉得很空洞，好像没有办法再接下去了。这时，如果请他描述一下今天的情况，可能就更加清晰了。我们可以这样问："一般？你可以说说这些一般的事情都是些什么吗？"如果这个学生说："我早上睡了个懒觉，8点才起床，除了上课，主要就是背了背单词，只做了一份考研模拟试卷，感觉很不理想。"

我们就知道，他说的一般是只对自己的学习状态有点失望。所以，看来他说的"一般"不是别人理解的"一般"。

2. 我们可以借由解读，了解学生的思维方式

在刚才的例子里，我们会看到，当他描述了一天的内容之后，我们能够发现，这个"一般"实际上代表他有点失望。我们也许会觉得，看上去做这么多也不错了，为什么他还是觉得"一般"呢？这时就可以对他的解读进行进一步的探索："那你觉得什么样的情况是不一般的呢？"又如，如果一个学生跟我们说："老师，我觉得我不配活在这个世界上。"如果我们要对他的思维方式感兴趣，就可以带着尊重和探索的态度询问："哦，这个结论是怎么得出来的呀，你可以多说一些吗？"因为他的话是他对自己生命的解读，但并不代表事实，如果我们知道这些想法是怎么来的，就更容易找到转化的机会。

3. 描述与解读的语言方式是探索思维内容的一个重要通道

如果一个人说："我只有发财了，才能幸福。"我们知道，这是他的解读，就可以问他"你觉得你有多少钱才算是发财了呢？"也许他会说2亿元，也许会说2000元，这两个数字就是他的描述，因为非常具体。如果一个人说："我生病了，我觉得没有希望了。"如果我们使用描述，就可以问："那你到底得了什么病呢？这个病一般怎么治呢？"很显然，普通感冒和癌症在现实层面上给人的压力具有极大的区别。如果他只是得了普通感冒，就如此绝望，我们就可以更好地探索他的内在发生了什么。

二、描述的语言方式

1. 我们如何使用描述的语言对话

如果我们想主动跟一个手里拿着盒饭的同学打招呼，直接使用我们对他的解读，可能会说："呦，你怎么不在食堂吃呀？"或者是："你帮同学带饭呀？"又或许是："哇，你够能吃的！还要吃一份拿一份呀？"这样的对话可能会让人觉得很武断和唐突。如果使用描述性的语言，可能会是这么说：

"你好,打了一份饭啊!"至于给谁打的,为什么打,我们没有做推断。

如果看到一个男生跟一个女生走在一起,解读的语言是这样的:"这是你女朋友吗?"如果是描述性的语言,可能会是:"你们好啊,这位是?"

可见,描述性的语言更容易给对方留出空间,让对方以自己的立场和视角表达自己看到的、理解的和感受到的世界。

2. 如何促进对方使用描述的语言表达

在高校教师的工作中,一项难点就是处理同学间人际关系。如果一个同学向班主任表达寝室另一位同学有多么不好,我们可能很难判断到底是这个学生比较敏感,还是另外一个同学确实有令人难以接受的缺点。如果一个同学向我们倾诉:"老师,我们寝室的某位同学超级烦人,而且特别脏。"我们听到的只是这个同学对别的同学的评价和抱怨,但是我们还是无法判断这个同学到底怎么了。如果我们能够促进对方用描述性语言进行表述,可能就会这样讲:"你可以具体说说他怎么烦人吗?"或者说:"他脏到什么程度啊?"通过这些描述性的对话,我们就更容易判断这个事情的性质和原委了。

三、解读的语言方式

1. 我们如何使用解读的语言对话

解读可以帮助我们更加清晰一件事情对自己或者他人的影响,同时,有差异化或资源取向的解读也可以丰富我们对一件事情的理解,甚至可以转化当事人对这件事的情绪体验。

如果一个学生跟我们倾诉:"我爸爸妈妈在我小时候就离婚了,我一直在不同的亲戚家住,吃百家饭。"使用解读的语言,我们可以这样回应:"哦,那你小小年纪,好不容易啊!""我看你现在这么优秀,真的很难想象你是怎么过来的。"也许是:"你现在这么阳光,真的很难看出来你曾经有这样特别的经历啊!"这些反馈中,已经包含了我们对他所叙述的内容做的假设。同时,这些解读是理解式、探索式和资源式的,就会促进学生从新的角度去丰富这些对话的内容。

2. 如何促进对方使用解释的语言表达

同样以常常吃百家饭的孩子举例，如果想促进对方使用解释性的语言去表达，则可以这样问："那你这么多年是怎么过来的呀？"或者说："那你的这些经历对你有哪些影响呢？"这样的对话能促进对方去思考："是啊，事实就是这样，那么什么是它们对我的影响，什么是我的选择呢？"

一个学生可能会在协助老师工作的过程中，表达自己觉得这项工作很难。我们作为老师，也许会不假思索地反馈："哦，你觉得难就少做一点吧。"或者说："你觉得难，就要更加努力呀！"如果我们愿意促进对方使用解释的语言进行表达，就可以变成这样讲话："你觉得难啊！那么这个难度对你来讲意味着什么呢？你需要我为你做些什么吗？"

对话的深度往往从我们开始把内容与历程分开为起点。当我们在对话中，有意识地区分描述与解读的语言时，我们对叙述者正在表达的东西就会更加精准、更加有自我觉察，同时更容易找到转化的契机。

第六章

个人内在运作模式

个人内在运作模式,是指当一个人遇到外部事件的时候,应对与反应性的行为是如何发生的。心理咨询的不同流派对其都有各自的解读,但是无论哪种流派,都会涉及以下三个维度:认知、情绪,以及行为。辅导员在与学生沟通的过程中,应有意识地区分这三个维度,并且在倾听和回应的时候能够注意按照这三个维度去对话,以帮助学生更多地读懂自己,同时让学生感受到老师对他的理解。这一章,我们就简单地从这三个维度来谈谈一个人如何对外部世界进行反应。

第一节　个人内在运作模式的几个维度

一、区分认知、情绪与行为的重要性

认知、情绪,以及行为,这三个维度不需要做过多的解释,相信大家看到这三个词就可以理解它们的意思。认知包含两部分:一部分是信息,另一部分是对信息的加工,如假设、想象、想法、观念等。情绪主要是指喜、怒、哀、乐、悲伤、惊恐等主观感受。行为就是我们最后呈现出来的行动。

听上去,这三个维度是清晰而明确的,那我们为什么还要花时间去区分

它们呢？因为在现实生活中，这些因素都是混合在一起的，无论是听者还是说者，都很容易忽略这些细节，而心理疏导的关键恰恰就在这里。

在讲为什么要区分这三个维度之前，我们先来看看生活中可能会看到的情况：一个男孩子威胁一个女孩子说，如果她不做他的女朋友，他就要伤害她；一个寝室的几个同学找到老师，希望能让寝室的一个同学搬离自己的宿舍；又或者一个同学因为自己某一门成绩不及格，就声称要跳楼。

我们作为他们的老师，就会非常为难，那么要从哪里下手呢？我们可能会说："你不能伤害她。""大家要学会彼此宽容。""你这门课程不及格，还可以有希望，不要做太绝对的事情。"但是，我们可能也会觉得，这些道理学生们都懂，那么如何做心理疏导才能有效呢？这就要求我们要学会区分认知、情绪与行为。

1. 有利于建立信任关系

在以上的案例中，如果我们没有刻意地训练心理疏导技能，很容易基于"想法和做法不对"的判断，对学生讲我们认为正确的想法和做法。在这种沟通模式中，我们会发现学生的合作性很差，可能他们觉得我们不理解他们，也可能他们不认同我们的想法。

为什么会有这样的结果呢？原因是当我们没有充分地倾听和理解他们的时候，他们对我们就没有建立起信任关系，在这样的情况下，即便我们讲的道理都是对的，他们可能也听不进去。当我们先放下自己的想法，去努力倾听这三个维度的时候，就是在尝试去理解他们，懂得他们，而不是急于把我们的东西灌输给他们。

在对话前，可以提醒自己，我要注意倾听对方的这三个维度，这时这个动作就开始放慢了，更容易跟学生建立信任关系。

2. 有利于进入话题并深入话题

在进入话题的时候，我们要学会观察对方呈现出来的最突出的要素。例如，在第一个案例中，那个扬言要伤人的男生，其实是在表达受挫之后的愤怒，他的"打算"是他解决自己受挫的一个方案。在这种情况下，我们与他

第六章 个人内在运作模式

对话的起点就可以从愤怒和受伤害开始。例如，可以说："她竟然拒绝了你，这件事让你生气了啊！"在第二个案例中，我们可能会发现，在他们的讲述中非常突出的是，他们要解决人际关系的问题，也许会有很多现实的矛盾，这个时候就可以先从事情开始，看看到底发生了什么，我们可以这样开始："这个同学都做了哪些事情让你们无法忍受啊？"在第三个案例中，我们能够发现，他要跳楼的想法主要是因为对考试不及格有自己的解读，这个时候我们就可以从他的认知进入："考试不及格对你来讲意味着什么呢？"

可以看到，当我们从那个最显而易见的地方进入的时候，我们的话题也会比较容易深入下去，因为那个最显而易见的地方就是对方体验最深的地方，也是他最熟悉的地方。我们的探索其实就是先从他熟悉的地方开始，然后拉着他的手慢慢走到他不熟悉且需要扩展的地方。

3. 有利于找到转化的可能

我们这里使用的转化一词，本质是想表达我们与学生的对话里有理解，有引导，也有添加。但是无论怎么做，都应该是沿着对方的情绪与认知的脉络在流动，而不是像翻土机一样，不管原来的样子，粗暴地按照我们的想法去改造一块土地。这个比较像中国古典园林的造园法，顺势而为，我们为他们增加和扩展的部分就像亭台楼阁，要与他们原来的水势和地势自然地结合，相得益彰，才能融入他们的生活。

当那个想要伤害女孩的男生发现，原来我的需要其实是被人欣赏和尊重（情绪），而我伤害她并不能够帮助我得到这些的时候，就有机会寻找新的解决方案；当寝室学生发现他们可以分开不同的寝室，但是不能强制要求别人离开（认知），而且一定要通过不伤害同学的方式来进行的时候，可能就会有新的行动；当要跳楼的男孩发现，自己一直把学业看得太重了，居然把学业成就高当成了自己被人认可的唯一途径（认知），他就可能会调整自己的价值观，探索新的行为方式。

二、如何在对话中区分这三个维度

从以上文字我们看到，区分三个维度，可以帮助我们把对话进行得更加精细。那么如何区分这三个维度呢？

1. 区分表达中显性和隐性的内容

显性的部分就是表达者已经明确表达的部分，隐性的部分就是他的"话外音"。获取两个部分的信息都非常重要。

例如，有一个新生说："老师，我想退学。我想回去复读，重新高考，因为我觉得我这次是高考失利来的，如果在高考前没有生一场大病的话，真不至于考到这所学校来。我最近好长时间都处于失眠状态，我一想到我的大学四年要在这个学校度过，就睡不着觉。真的觉得考上咱们这所学校是我一生最大的失败。"

在以上这段话里，我们可以把显性的信息进行分类整理，看看哪些信息是在表达认知，哪些信息是在表达情绪，哪些信息是在表达行为或者行为计划。同时，利用自己对以上信息的假设，在表2中补充更加丰富的内容。

表2 语言中的显性部分与隐性部分

	认知	情绪	行为
显性部分	高考失利、考上咱们这所学校是我一生最大的失败	沮丧、失望	退学、复读、睡不着觉
隐性部分	（1）大学代表了自己的能力；（2）我还有更大的潜能	有希望的	相信自己的能力

以上显性以及隐性信息的分类方法，可以用于我们有意的练习，但是实际在倾听的过程中，我们一定会搜集到更多关于表情和语气的信息，我们甚至能意识到自己对整体信息共鸣性的直觉，只是我们常常把这些信息混合起来，然后自动化地使用其中的局部信息去回应学生。而我们在训练自己的过程中，需要有意识地区分这些信息，以达到探索的深度和广度。

2. 逐一核对和丰富每个维度

对情绪部分的理解就是我们与对方共情的材料。在这个部分里面，有些是我们直接听到的，有些是我们运用自己的假设丰富出来的。我们要进行区分，允许自己的感受与对方不同，也愿意去了解对方的实际感受和情绪。

在以上案例中，我们可以用以下语言来丰富对方情绪："我看到你在说要复读的时候眼睛里都闪着光,你对自己的实力是非常自信的啊!"

对认知部分的理解,可以使对话更加精细,帮助讲述者更加清晰自己的思维线索是如何发展的。按照行为认知理论,当讲述者丰富了自己的假设以后,会发现其感受与行为策略也会改善。结合以上案例,我们可以用共情和回应性的语言回复学生:"嗯,是,我猜想你高中三年一定很努力,因为你要证明自己的实力。而且你相信自己的实力还在,不想浪费了这个实力。"

对行为部分的理解,就是看讲述者是否有足够丰富的行为选择。通常,讲述者比较容易卡住的部分在于变成二择一的选择,就是做或者不做。但是,二择一的选择往往令人变得冲突,无所适从。我们可以通过对话来丰富选择的多样性。同样以上个案例为例,我们在行为上的回应可以是这样的:"嗯,回去高考也是一个不错的选择,因为你的实力还在。除了复读,还有一些选择也可以展现你的实力,比如争取在这个学校一直拿奖学金,转去最好的专业学习,读双学位,也可以通过考研来证明自己。"

3. 对三个维度的整合

区分三个维度,不代表把三个维度割裂开来。就像绘画一样,我们照顾到构图、明暗、线条和色彩,每个要素都有其专门的技法。同时,这些要素一定要整合到一起,而不是分裂的。我们在训练自己的时候要注意区分的能力,但是在对人的理解上,还要回到人的整体概念中去,而不要把"人"简单地分裂为情绪、认知和行为三个要素。

结合以上案例,我们可以看到这样一个学生,他全力以赴地希望用高考来改变自己的命运,想要用成绩来证明自己,但是考入的学校不理想,让他对自己的现在无法认同,也对未来变得缺少希望。同时,他那么自信自己重新高考一定可以上更好的学校,代表他对自己学业能力的信心。而恰恰就是这个对自己学业能力的信心,让我们看到他更多的可能性。他依然可以选择复读,也可以增加更多的选择方案。这样,无论他如何选择,都是带着希望和力量在选择。我们做心理疏导,重点不在于他选择了什么,而是带着什么样的心理体验在选择。

第二节　情绪、认知与行为之间的关系与转化

想象一个情境，我们给一个朋友发了问候他的微信，但是他没有回复。我们可能有哪些选择（行为）呢？

选择1：做自己的事，顺其自然。

认知：大家都很忙，他可能没看见微信，有空了自然回复我。

情绪：很平静和坦然。

选择2：再打几次电话。

认知：估计是没听见，我多呼叫他几次就好了。

情绪：很期待，略有焦急。

选择3：把手机放在一边，但是不断地翻看手机，等待。

认知：他有可能是故意不理我的。

情绪：有些生气，你干嘛不理我呢，感觉很失落。

通过以上事例，我们会发现，我们对外部信息的反馈（行为），总是与情绪和认知有关。它们之间不是线性的关系，同样的认知不必然导致同样的情绪，同样的情绪也不必然导致同样的认知。但是，每一个行为背后一定有它独特的情绪和认知。这三个维度是彼此影响的。而且，有趣的是，它们之间任意一个维度改变了，都有可能影响其他的维度。

一、情绪与认知之间的关系

1. 情绪如何影响认知

"感时花溅泪，恨别鸟惊心"，这是比较典型的情绪影响认知的例子。在我们情绪比较低落的时候，即便听到了好消息，也会觉得"那又有什么意义呢"。在我们情绪比较高涨的时候，好像即便遇到很困难的情境，也会觉得没什么大不了的。"采菊东篱下，悠然见南山"，我们中国人有酒文化、茶文化，讲究话不投机半句多。不管多重大的事，通常不会一上来就开门见山，

而是先饮酒或喝茶，情谊浓郁时，才开始谈合作。

老师在与学生对话时，恰恰就有这些优势，我们可以与学生边散步边谈，也可以在操场上看着夕阳西下而谈，也可以边吃饭边谈，不着急谈事情，先聊聊爱好，谈谈家乡与娱乐，反而更容易开始对话。

2. 认知如何影响情绪

"天将降大任于斯人也，必先苦其心志，劳其筋骨"，这是在困苦中对自己的勉励。当我们这样解释正在遭遇的一切不幸时，就把苦难当成了一种修行。这时，苦难反而会激发我们产生穿越它的动力。无独有偶，偶然的一次失眠，我们对它的解释，反而对失眠的严重性影响比较大。如果在失眠的时候比较放松，心想"哦，我今天可能比较焦虑，有点睡不着"，那也许心情就会比较放松，再过一会儿，也许就睡着了，不会每天都睡不着。但是，如果心想"完了，我怎么失眠了？我不会得了抑郁症吧？我不会一直失眠下去吧？"，那自己也许就会越发紧张，即便入睡了，第二天可能也会非常紧张地观察自己会不会又失眠，从而导致问题反复。

在这种情况下，我们在与学生对话的时候，需要正常化技术。就是当学生体验到一些痛苦的情绪时，需要结合他的实际情况把这个情绪正常化，这样更容易促进学生接纳自己的情绪。

二、认知与行为之间的关系

1. 认知如何影响行为

在我们遇到困难的时候，如果觉得不克服困难就没有活路，就会激发自己强大的求生欲，克服这个困难；同时，当我们觉得不是所有的压力都必须要穿越，也可以绕道而行的时候，就更加接受自己回避这个困难。

在大学生这个群体中，要想拓展他们对行为的选择，其中一个非常容易被接受的方式就是开展心理教育。当他们在思维方式上更有弹性的时候，他们的创造力也会更加丰富。例如，新生中常会出现"人际关系问题"，很多同学觉得参加集体活动不重要，我只要把自己的学习抓好就够了。针对这样的情况，我们可以通过开展讲座或者班会等认知类的活动，增加他们对人际关系的重视程度，从而促进他们更加积极地投入集体活动。

2. 行为如何影响认知

现在很多学校都开展了团体心理辅导工作，这个工作就是比较典型的，通过行为影响认知的工作方式。有很多同学没有体会过什么是信任和支持，也许通过"盲行""背摔"等活动，他们可以在身体上得到"哦，原来信任别人和被别人信任的感受这么美妙"的体验，那么他们就会改变自己的想法。

在开展心理疏导的过程中，很多体验性的活动都有这些功能，比如心理剧、绘画、园艺、冥想、素质拓展、游戏等都是先从行为和身体入手，从而改善学生认知的心理疏导方法。

三、情绪与行为之间的关系

1. 情绪如何影响行为

一个人在愤怒时更容易做出破坏性的行为，但是在开心的情况下则更容易做出积极且有建设性的行为。同样都是老师给布置了一项比较难的任务，当一个学生的情绪比较兴奋的时候，他就更加跃跃欲试，甚至会非常感谢老师交给他这个任务，并且以非常高效的方式完成任务；如果接到任务的同学情绪比较低落，则会显得委屈、抱怨，在行为上会有意无意地拖延，甚至可能会在"无意中"搞砸任务。

根据以上规律，我们在期待对方做出更加有建设性的行为之前，可以先改善对方的情绪。尤其是在处理人际关系的时候，一定要对对方的情绪有足够的倾听和懂得，以在彼此交流中营造出愿意探讨更多可能性的空间。

2. 行为如何影响情绪

如果我们在亲密关系中有过冲突，可能都会有这样的经验，就是可能那些矛盾的点还在，两个人对事物的看法和分歧还在，一旦我们先拥抱一下，情绪好像就开始改变了。再举个例子，有时候我们可能非常不想出门，不想聚会，但是一旦被别人陪伴着出了门，或者参加了聚会，才会发现出门好像并没有自己想象中那么糟糕。

以上这些例子都代表有时候并不是我们一定要想通了才能行动，行动本身也可以促进情绪的改善。对以上原理的应用，比较典型的就是对待有抑郁情绪的学生。

有时候他们非常不愿意出门，情绪低落，易怒，消极。有时候即便他们服药了，好像也没有明确的好转。但是，如果有人在他们并不情愿的情况下，陪他们到户外活动，走进大自然，做些不太激烈的运动，陪他们聊聊天，他们的情绪也会明显好转。

当然，正如本文中一贯强调的，所有的方法都是可以综合使用的，同时，要结合具体的时间、背景以及我们自身的角色、状态跟学生沟通。

第三节 现实与内在运作模式

前两节主要介绍了我们如何基于一个人的内在运作模式进行心理疏导，讨论一个人的内在世界对外部世界的反应机理的框架。同时，我们也要注意到，人与人之间所有的对话都是在互动中产生的，与现实压力本身也有关系。在内容与历程的讨论中，我们也提到，有时候一个人对外部世界的自动化反应，是基于他对关系的记忆以及关系应对模式。我们在与学生对话的过程中，既需要看到学生正在经历什么，现实情况如何，也需要看到他们对正在发生事件的反应，观察学生与事件相关的反应，观察他如何对我们进行反应。

因此，我们在与学生对话的过程中，注意力要分布在事件本身、他对事件的反应，他如何理解别人与自己的关系，以及他与我们的关系等方面。以后的章节会重点讨论倾听的技术，倾听和观察其实包含了以上所有的内容。

一、评估个体面对的现实压力

对大学生进行心理疏导，其难度在于现实压力与学生的内在运作模式是相互交织在一起的,我们在与学生沟通的时候不能忽略这个部分。在回应学生的内在世界之前,我们要先看看他的反应与这个现实的回应是否有相关以及一致性,如果相关度高,一致性高,且确实对学生的情绪影响非常大,则要优先处理现实问题。

1. 评估学生所面临的现实压力水平

同样是寝室的人际关系问题,学生在具体化的过程中,我们会看到有些情况可能是学生们彼此之间不够熟悉而导致有些误会,只要我们帮助他们彼此之间展开充分的对话,就可以冰释前嫌。而另一些情况确实源于很大的压力,即便寝室同学都是善意的,但是某位学生也确实很难与别人相处,那么可能就要从多方面寻求解决方案。在有些情况下,则可能需要同时处理两个方面。

请看以下案例,我们可以大概分个类:

① 寝室的某位同学经常 5 点钟起床,其他同学觉得他影响自己休息;

② 寝室一共 6 个人,一次 5 个人一起去吃饭,没有叫上剩下的那位同学;

③ 某位同学在寝室内心脏病发作,晕倒在寝室,同学病愈后,其他同学仍然非常紧张和担心;

④ 寝室的某位同学有偷盗行为,每次数额不大,达不到报警的程度,其他同学不堪其扰;

⑤ 寝室的某位同学一两个月不洗澡,个人卫生非常差。

同样都是寝室关系问题,对于案例①和②,如果在班主任或者辅导员的心理疏导下,通常可以通过情绪、认知、行为这三个维度进行沟通,可以在大家商议之后找到解决方案。但是案例③、④、⑤就相对复杂很多,确实有可能需要医生的诊断、建议,以及家人的陪护,也需要专业心理咨询师的介入,因为需要确认这几个案例到底是什么性质,什么情况,甚至需要到保卫处备案,以确保学生的安全。

2. 评估学生对这个压力是否有现实解决的能力

同样都是遇到以上五个案例中的情况,每个学生应对压力的能力和情绪反应状态的差异非常大,这与每个人的生理基础以及心理基础有关。有些学生的应对策略可能是主动沟通,了解情况,提出可行性建议,甚至是帮助这个同学;有的则是不回寝室,或者到亲戚朋友家住,或者早出晚归,尽量不在寝室,回到寝室也尽量戴耳机,不交流,不讲话;有的则显得焦虑、担心,甚至严重影响自己的睡眠。

一旦遇到这样的压力事件,作为老师,我们需要谨慎处理的部分就是包容每位同学之间的差异性,尽量不去评价他们应对方式的好坏,而是先去了解他们每个人的情绪状态,根据他们的主观体验来决定我们心理疏导的角度。

二、评估与转化内在的运作模式

1. 评估情绪状态水平以及社会功能水平

如何评估学生们的情绪状态呢?首先应观察学生的实际反应,是紧张、害怕,还是比较淡然,有信心;其次是听学生自己的报告,他自述是自己目前还好,没有受太大的影响,还是比较受影响;再次,要进行具体的澄清和追问,比如询问学生的睡眠、饮食、学业、人际情况等。如果学生在这些方面都显示比较好,则评估结果是情绪状态良好。

在某些特殊情况下,我们可能会发现学生的自述跟老师或者同学的观察不一致,比较常见的情况是,学生自己觉得没有什么问题,但是周围同学或者家长反馈其情绪状态不良。在这样的情况下,我们该怎么办呢?

比较简单的做法是把从不同层面听到、看到的信息反馈给他,就是用我们在前面提到过的方法,描述给他听,我们可以听听他自己的反馈,再根据反馈情况进行判断。例如,有的学生在反馈过程中反映出思维方式比较系统和弹性,同时表述清晰,那么我们可以以自述为主。有的学生在叙述过程中思维方式显得偏激,情绪反而激动起来,我们就可以再多观察、多沟通。

2. 评估内在运作模式中是否有需要调试和转化的部分

内在运作模式主要是讲在压力之下的自动化反应机制。大多数人的自动化反应方式一定是有其稳定的特质以及功能的。比如，一个学生从小受到父母的忽视，那么他可能不得不凡事都要自己去争取，因为他靠不了别人，只能靠自己；一个学生从小受到父母比较严厉的教育，什么都要听父母的，也许这个学生呈现出来的行为比较顺从，但是情感上会非常的愤怒、委屈和抑郁，他认为不服从结果会比较惨，但是服从别人就丢失了自己；如果一个学生从小就寄养在别人家，也许这个学生跟我们在一起时也会比较小心翼翼，因为他知道别人对他的好是不安全也是不稳定的。以上论述并不是为了要给人贴标签，或者僵化地给出一个模式，而是想让大家知道，一个人的行为一定有某个特定的原因。

以上例子是想说明，我们常常是因为过去的经验形成了一套自己习惯的做法，同时，也往往因为这个习惯而忽略了更多的可能性。上面那位觉得只能靠自己的同学，也许需要扩展信赖别人以及与他人合作的能力；凡事都比较顺从的学生也许可以增加一些感受，就是我在现在的环境里说"不"是安全的，不会破坏人际关系，甚至老师还可以专门教他如何说"不"；那位小心翼翼的学生也许需要练习增加自己内在的安全感，看看在与他人的关系中如何变得更加自在和放松。

我们每个人的内在运作模式都一定是有效的，因为它曾经帮助我们渡过很多的难关。同时，它也是可以丰富的。具体的转化方式就可以参考内在运作模式各要素之间的关系，从一个最显而易见的要素开始，当一个要素有所变化，其他要素也会发生变化。

三、评估人际支持系统

通过以上论述，我们知道，一个人内在运作模式的形成，其实都有相关的背景。就像是一个动物，它的生存机制通常与它所处的自然环境有关。同样是应对冬天，有些动物需要冬眠，有些就不需要；而通常高纬度的鸟类才需要通过迁徙来过冬。不同的内在运作模式通常与其人际关系环境有关。通常人际支持越好，越是在人际关系安全的环境里长大的学生，在人际关系中更容易放松和自在，比较容易表达自我，遇到困难也不会轻易否定自己。这些要素是我们在对学生开展心理疏导过程中需要非常注意的现象。因此，可以说，老师在对学生开展心理疏导的时候，让他对我们形成安全的印象，其实比谈论内容更重要，这部分内容在第五章有过深入的探讨。

本书虽然是在讲高校教师如何开展心理疏导工作，但是我们永远都不是一个人在工作，而是一个系统在工作。我们有时候就像一个主持人，学生是主角，而我们的作用只是串场。发动学生的人际支持系统，是心理疏导工作的一个重要组成部分，而且作用非常重大。

1. 激发学生本人主动开发人际支持系统

大学生是成年人，我们在与学生对话的过程中，要激发其自主寻找人际支持系统的愿望。这个过程比较像我们先拉起他的手，让他体会到被拉手的温暖，然后他自己就比较有动机去寻找更多的手。

（1）在认知上强调重要性。通常很多学生会强调和重视自己力量强大的重要性，无论外界的压力有多大，他们都希望自己一个人能挺住。在过去的经验中，他们知道在很多事情上别人没有办法帮助自己，所以不能去依赖他人，这些想法都是非常好的。同时，18~25岁期间是他们的人际关系从独立走向互赖的过程，他们在为慢慢进入社会，面对不确定且复杂的系统做准备。既保持自己人格的独立性，又发展自己在人际关系中彼此信任和相互帮助的能力，是该人生阶段一个重要的议题。因此，我们在激发其发展自己人际关系的过程中，要充分发挥教育的功能，帮助其认识到独立与互赖并不矛盾。

（2）陪伴其一起寻找。对于目前人际支持比较匮乏，同时正在承受较重大心理压力的学生来说，我们只是在道理上解释其寻找人际支持的必要性是远远不够的，需要在其寻找人际支持的过程中，给予他们持续的援助和陪伴。当然，这种"持续"不是指24小时的持续，而是维持与他们的联系。而"陪伴"的方法包括帮助其一起讨论谁是可以提供帮助的人，在寻求不同的人帮助时，有哪些需要注意的地方，如何搭配不同的人际支持。这项工作对于正在经历抑郁状态的学生来讲尤其重要，因为他们的抑郁情绪有可能导致他们懒得去寻找甚至是没有能力去寻找人际支持。

（3）在重要关系中帮助学生解决一些具体困难。对于人际支持极差的一部分人来讲，他们之所以处于目前的状态，一定是久已有之，而不仅仅是今天才变成这样的。俗话讲，"冰冻三尺非一日之寒"，他们可能已经在这样困难的环境里待了很久，但是一直没有人帮忙改善。尤其是学生深陷其中，很难以一己之力得到彻底的解决。例如，有些学生无法完成毕业论文，但是又不敢与导师沟通；有些学生需要服用精神类药物，但是父母拒绝支付医药费，甚至觉得孩子是在无理取闹；有些学生在人际交往中有切实的困难，不知道如何与人打交道；还有些学生是家庭经济困难，无法找到勤工助学的机会。也许这些具体的情况对于另外一部分学生来讲根本不是问题，但是对于某些学生来讲就是切实的困难，需要我们帮忙牵线搭桥，发展出他们跟人际支持建立联结的能力。

2. 运用人际支持系统改善学生的内在运作模式

中国文化里有一个概念叫"贵人"，放在心理疏导工作中，这个"贵人"就意味着一个能够提供切实有效的帮助，或者提供心理支持的人，这就是我们强调的人际支持。人际支持在心理支持上，通常有以下特点。

以下面的情况为例，来说明人际支持对内在运作系统改善的重要性：某位学生曾经实施过自杀行为，目前定期在心理中心进行咨询，学院也希望某位老师能够在生活中定期关注他。

（1）关系的稳定。关系的稳定是一个相对的概念，主要是指设置的稳定。上文提到的"某位老师"就要稳定，尽量不要让不同的人去跟同一位学生建立联结，学生会有被干扰的感觉。稳定的关系会让学生体验到，"当我想求助他的时候，他会在那里"。这种确信感就可以建立他的安全感。

（2）关系的浓度。"定期"其实就是指关系的浓度，一周一次或一周两次，可以根据学生的实际需要来，每次见面时间可能仅仅需要半小时，也许是一起吃个午饭，也许是一起散散步，形式不限，但是这个时间的频率要尽量维持一个"浓度"。有时候，学生会非常害怕给老师添麻烦，所以他们不敢主动联系我们。但是，如果我们把它作为一个提前的约定，学生就会减少内疚感，知道老师的这个时间是专门给他的。

（3）关系中的温暖。高校老师做心理疏导工作最大的优势，就是我们跟学生的生活很接近。我们的心理疏导可以做得"润物细无声"。我们在关心学生生活时，可以带着好奇、尊重和欣赏的态度去探索学生的优势、资源，促进他看到自己有生命力的部分，这就是我们的温度。

人际支持之于人类，就像生态环境之于动植物。马克思说："人的本质是社会关系的总和。"无论是在现实的生存层面，还是在心理健康层面，人际支持始终都是最重要的影响因素。辅导员开展心理疏导工作本身，就是在运用这一原理。同时，我们在对学生进行心理疏导的过程中，总是需要不断地在现实、内在与关系中穿梭。

第七章

情绪联结调整技术

在准备编写这本书的过程中,我们和很多高校老师进行了一对一的访谈。当询问在学生心理疏导工作中最急迫的需求时,他们几乎无一例外地提到了"技术"。在接下来的三章中,我们将会重点讨论心理疏导的技术,以心理学"知、情、意"三分法为理论框架,逐一展现可以应用在心理疏导中的情绪联结调整技术、认知思维转换技术以及行为选择增加技术,以期协助老师在工作中通过使用语言、文字、行为等多种干预方式,引导大学生成为拥有更广阔的认知视野、更饱满的情绪弹性,以及更多自主选择的、富有生命活力的人。

虽然我们将心理疏导技术分成了认知、情绪和行为三个部分,但这只是对逻辑框架的梳理。在写作过程中,我们常常发现,同样的技术既可能是情绪联结技术的一种,也兼具行为和认知干预功能,例如澄清技术,它既可以改变我们的认知,也会对情绪产生影响。所以,在实际操作运用过程中,我们应该用一种系统观来看待这些技术方法,它们就像一个工具箱或一把老虎钳,既可以用来松螺母,也可以用来剪断电线,需要的时候,还可以把不同的工具组合起来使用。

首先,我们来谈谈情绪。情绪是以个体的需要、愿望为中介的一种心理现象,简单来说,如果一件事符合个体的需要和愿望,则会引起个体积极、肯定的情绪;否则,就会引起消极、否定的情绪[⊖]。在我们平时的工作中,"最近情绪不好"是很多同学来寻求心理帮助的一个重要理由。在

⊖ 施塔,卡拉特. 情绪心理学. 北京:中国轻工业出版社,2015.

这里，情绪仿佛是一个"信使"，当我们一些内在、深层次的需求得不到满足时，各种各样的情绪就会浮现出来，提醒我们去寻找一些帮助自己的方式。所以，进行心理疏导工作的第一步，是要学会准确地把握工作对象的情绪，只有和对方的情绪联结上，才能知道对方没有被满足的以及真正需要的究竟是什么。本章所讲述的倾听、共情和反馈，都是联结调整情绪的有效方法。

第一节　倾　　听

"谁不会听人讲话啊？"这可能是我们很多人都会有的想法，但实际中，每个人"听"的能力是不同的。我们可以做一个小测试，请你现在回想一下自己身边的亲朋好友，会不会发现其中有一些人，你遇到事情时，和他们说一说，自己会感到很舒服。还有一些人，和他们讲话，会让你很不舒服，以致于不愿意和他们多说。这就是倾听质量所带来的差别，这就是本章想要探讨的内容。

一、倾听在辅导员工作中的重要性

高校老师工作的对象是青年学生，学生有不同的喜好和个性，也背负着各自的压力和心事。和每一位学生都建立起良好的沟通是我们顺利开展工作的重要基础，否则，就像截断的水渠，河水再清亮，也无法到达田间地头去浇灌庄稼。而好的倾听，是"水渠"畅通的重要保障，让我们的沟通事半功倍。

1. 好的倾听体现尊重

当我们需要谈话的时候，往往是学生心里有自己的观点，有异于他人的行为，或是心里有委屈、有悲伤的时候，尽管他们有可能表现出的是一副不想多说的样子，但实际上内心充满了想法和情绪。在这种情况下，我们要用一种开放的心态，不急于评价和建议，尽量多为他们留出表达的空间，认真用心地听他们讲，表达一种"我看到你长大了，你说的话对我很重要"的尊重态度。对于20岁左右的青年人，刚刚离开父母，站在社会的大门口怯怯地张望着，他们对被看到和被尊重有着深深的渴望，而被听到就是他们的想法被看到、他们的存在被认可的时候。这种被听到的感觉会激发年轻人的信心和勇气，反过来会对师生关系产生积极的作用。

2. 好的倾听减少误解

没有人能绝对准确地描述一件事，同样，我们也无法靠听来完全复现一件事，但是，就像修补一件摔碎的瓷瓶，多一块碎片，就越接近瓷瓶的原貌，我们多听学生讲一些，就能越了解他们真实的想法。沟通是信息的传递，只有把话说完，才能把意思表达完整。做心理疏导的目的之一，就是更多地了解学生的所思所想，只有听他们讲完，我们才能够得到更多的信息去理解和帮助他们。

3. 好的倾听带来疗愈效果

我们在心理咨询室里经常会听到这句话："说出来以后，我感到轻松多了。"当学生带着心事、压力或者内心的冲突和难过坐到我们面前时，充满同理心的耳朵会比有理有据的好口才更加温暖人心。根据叙事治疗的理念，当一个人的故事被听见、看到、珍惜和欣赏时，这些故事、经历和痛苦就被人见证了，在痛苦和创伤被见证时，生命的韧性和力量也同样被见证着。因此，好的倾听会带来疗愈效果，会让倾诉者找回生命的力量。

二、倾听听什么

"听"字的繁体写法是"聽"，左半边告诉我们与人沟通时，耳听为王，右半边有目有心，提示我们在听的时候要用心观察；麦克·P. 尼克斯在《好好说话第一步——学会倾听》一书中写道："倾听就是要报以专心、引出兴趣、热切关怀、用心体会、及时确认、细心察觉、为之感动、表示赞赏。"其中，兴趣、确认、觉察、赞赏是对倾听的内容反映，而专心、关怀、体会、感动，则是对倾听的情感反映。从繁体"聽"字的写法，到尼克斯的总结，我们可以看出，要做到良好的倾听，倾听者需要带着开放好奇的态度，在听到"事实是什么"时，还需要听到"这事实让你感到了什么"。简单说，要做到良好的倾听，要对倾诉者表达出来的内容和情绪都有准确的回应。

大三学生小刘，父亲在老家突发急病，他来找班主任，说想退学回家帮妈妈。"老师，我想退学。我爸现在躺在家里，靠我妈一个人种地，家里还有弟弟要上学。以前爸爸还能打工挣钱，现在家里没有了爸爸那份收入，我觉得我妈都快坚持不下去了，我现在每天晚上都睡不着觉。村里有亲戚对我妈也很关照，但我还是不放心，老是觉得不踏实，家里人在苦苦挣扎，我实在做不到在这么好的地方心安理得地读书。"

先不看下面的内容，想想你从这段话中听到了什么？

1. 倾听事实

作为班主任，当我们突然听到学生说出想休学、想去创业、宿舍发生冲突等事情的时候，第一反应往往是吃惊，但是吃惊过后，我们需要进一步了解清楚事情的性质和程度是怎样的，是否跟其他人有关，是否需要通过其他渠道核实。当我们更细致地探究事实的时候，很可能会顺便发现一些资源。

在上面这个案例中，我们能够确认哪些事实呢？父亲突发疾病，母亲带着弟弟，靠种地生活，这几点是小刘目前实实在在的压力来源；与此同时，在这个案例中，我们不能够完全确认的事实又有哪些呢？

案例中小刘说："我觉得我妈都快坚持不下去了。"这就是一个不能够完全确认的表述。是妈妈的身体无法坚持，还是家里的经济无法坚持？如果是身体不好，有没有得到治疗？如果是经济无法坚持，家里现在的实际经济状况是怎样？每月的收入有多少？硬性的支出是多少？这些问题表面上是对事实的探究，实际上对调整倾诉者的情绪有很好的帮助。因为人们往往会对模糊的东西感受到更多的不安，在将模糊问题清晰化的过程中，倾诉者需要动用更多的理性去思考，可以暂时与惶恐不安的情绪隔开，倾听者也能够在这个过程中搜集到更多的信息，帮助制订下一步的支持方案。

对于这些需要进一步确定的事实，可以采用很多有效的方法。最常用的一种方式是直接问当事人。但还有一些疑问，我们需要先记录下来，不做评判，事后通过其他方式来证实。

2. 倾听情绪

我们和学生谈话，除了要了解他们的实际困难，给他们提供力所能及的帮助外，另一个很重要的目的就是了解他们的情绪状况，让他们感到自己是被人理解的。倾听情绪主要有两个方法。

第一是抓住情绪关键词。《心理咨询师的问诊策略》作者谢利等将沟通中的情感归类为愤怒、恐惧、冲突、悲伤和幸福五大类。我们通过抓取话语中表示情绪情感的词汇，可以将它们归入这五种分类中的某一种，进而确定谈话的情绪基调。例如，在案例中，小刘提到的"睡不着觉""不放心""不踏实"等，都是在表达内心的冲突。

第二是观察倾诉者的非语言信息。传播学界有一个非常有名的梅拉比安（Mehrahbian）沟通模型。这个模型提出，想判断一个人的情绪和好恶，他的文字只提供7%的有效信息，语音语调提供38%的有效信息，而肢体语言会提供55%的有效信息。因为非言语的行为比语言更加不受意识的控制，是更为可靠的情绪线索，尤其是当谈话对象的情绪具有一定的掩饰性时，身体姿态、面部表情和语音特征都可以成为我们感受对方情绪的线索。例如，当你觉察到小刘是用颤抖的声音讲述他想退学的决定时，是不是会对他内心的冲突更加感同身受？

3. 倾听事情的影响

倾听事实和情绪有一个重要作用，就是可以对事情的影响进行评估。作为辅导员，倾听的过程要一直保持对事件影响程度的评估，衡量事件对身体、心理、生活、学习、人际等多方面的影响。

对于小刘父亲生病这件事，我们就会看到它对小刘的睡眠、学习的积极性以及家庭的经济都产生了影响。本书第二章提到了高校老师的角色优势，相比咨询师，老师对学生的支持方式更加多样化，所以班主任可以从陪同就医，为小刘提供合适的勤工助学岗位，按照规定申请补助金等角度减轻这些负面因素对小刘的影响。这样一来，学生除了觉得被接纳、被听懂，还会感到更加切实的关心和帮助。

4. 倾听已有的行动

一粒种子，无论是在肥沃的土壤中，还是在贫瘠的土地里，甚至是被压在巨石之下，它都会努力发芽，向上生长，这就是生命力，人更是如此。一个学生不管遇到的困难有多大，在他来找我们寻求安慰和帮助之前，自己一定都或多或少地做了些什么。例如，案例中的小刘针对失眠的问题，也想过一些方法；面对无助的妈妈，也鼓励过妈妈。但是，现实困难没解决，很多问题就依然存在。因此，我们在给出自己的建议之前，要问问学生自己已经做过哪些事，听他讲讲为这件事所做出的努力。这么做的目的，一方面可以让我们更理解他现在的处境，避免提出一些已经试过无效的或者是缺乏可行性的建议；另一方面则可以帮助学生看到自己改变现状的愿望，肯定他为自己做过的努力。

5. 倾听系统的资源

从系统观的视角出发，我们每个人都处在不同层级的系统中，小到一个家庭、一个宿舍、一个班级、一个村庄……大到一个学校、一个社区、一个城市、一个国家……当遇到问题时，在不同层级的系统中，我们都可以寻找能够帮助到我们的资源。案例中的小刘并不想轻易放弃学业，否则他内心不会有那么多冲突。但是，以一个涉世未深的学生的视角，他看不到身边其实还有很多可以利用的资源，我们可以做的，就是在他的话语中，听到那些他已经说出来以及没说出来的资源。小刘的父亲有没有参加合作医疗保险？作为贫困家庭，有没有低保？村里有没有帮扶政策？弟弟的学校有没有奖助学机制？亲戚给予的关照和支持都有哪些？我们自己的学校有什么可以用的补贴助学政策？这些其实都是小刘自己未曾看到却又实际存在的系统资源。辅导员的工作优势就是可以结合自己的实际工作和周围的资源，有些学生的困难是我们在自己的工作范畴内解决不了的，确实需要多部门和多方合作来解决。但是，我们可以把有可能帮到他的资源信息提供给他。

我们自己也要善用系统，对于一些更加复杂的情况，我们可以先跟领导或同事协商完再回复，不必着急给出回应，以免产生偏颇。

三、什么影响了我们的倾听

一个人准备好向别人倾诉，却感受不到被倾听，这是一种非常受伤的感觉，就像久未归家的游子满怀期待地回到家中，却发现并没有人在乎他回不回来。听者根深蒂固的成见、先入为主的观念以及一些情绪化的反应，都有可能让倾诉者产生"没有被听到"的感觉。

小张是一位刚刚入职半年的年轻教师，非常认真负责。一天下午，大三的孙同学突然发微信给她，说自己最近打算休学试着创业，想来找老师聊聊。小张一下子就急了，从毕业时间、创业时机、个人能力等角度劝了孙同学一个多小时。听小张老师说完后，孙同学只是说"谢谢老师，我再想想"。孙同学最后并没有休学，但是小张发现孙同学见她就躲，再也没有主动来找她谈过心，自己主动约孙同学谈话，对方也往往只是敷衍了事。

小张老师对自己的这次经历感到非常委屈，以致接受我们访谈时还记忆犹新，她觉得自己的劝导有理有据、切合实际，而且似乎取得了很好的效果，孙同学最后没有休学，那为什么后来会感觉这么别扭呢？从案例中可以看到，孙同学并没有直接提交休学申请，而是先提出想跟小张老师聊聊自己的想法，这说明他自己对这个想法也并不确定，他当时最需要的应该不是找人帮他做个决定，而是找个值得信赖的人，听听他的想法。小张老师的处理方式，在一定程度上表现出了她先入为主的观念（必须先毕业再就业）和情绪化的反应（"着急的"好心），切断了孙同学表达的愿望。

在实际的沟通中，我们倾听路上的"绊脚石"还有以下几种。

1. 过度的自我暴露

在心理疏导过程中，我们有时会为了表达善意，或者为了让同学放松下来，而讲一些自己的经历，我们将这种表达称为"自我暴露"。适度的自我暴露可以达到共情、缓和气氛等目的，但是一定要适量。例如，学生失恋，我们就将自己过去恋爱受挫的经历从头讲到尾，显然就是不合适的。过度的自我暴露一方面占用了太多的疏导工作时间，更重要的是，它会不知不觉让沟通双方"换了位置"，影响辅导员在工作中的权威性。

2. 直截了当地提建议

作为天天和不同的学生打交道的老师，往往具有丰富的经验，学生提出的话题往往会引起我们的兴趣和共鸣。这时，给出建议或指导无可厚非，这既是学生的需求，也是老师的职责所在。但是，在给出指导或建议之前，一定要让学生充分地表达，并从中找到他们自己的资源和可取之处，即先肯定鼓励，再指导教育。没有人会喜欢自己在说了一堆心里话后被当头浇一盆冷水。

3. 只听不说没反馈

倾诉的人，渴望的并不只是不被打断，还有准确的反馈，这样他们才能知道自己说的话被对方准确地接收了，他的表达才有意义。反馈时，注意一定要紧贴对方说的话本身，可以从情绪、内容、期待、实际需求等多个层面来反馈。例如，"这件事让你非常难过。""听完我才知道这两年你和妈妈过得都很不容易。""所以你不参加集体活动不是不想和同学们在一起，而是担心他们不喜欢你。""如果想要实现你的目标，有什么是我可以帮到你的吗？"

4. 光安慰没指导

一番全是口头安慰的谈话就像一顿全是甜食的晚饭一样，会让谈话的同学感受不到老师的力量。作为老师，每天跟学生在学习、生活中的大事小事缠绕在一起，早已成为学生生活的重要组成部分。因此，开展心理疏导的谈话边界和给予学生实际支持的手段远比专业的心理咨询师更丰富且更有弹性，我们一定要充分利用这个优势，为学生提供更多的实际帮助。

第二节 共 情

共情（empathy），也被译为同理心，最早由人本主义心理学的领军人物罗杰斯在20世纪50年代提出，简要地说，就是对对方的境遇、情绪、行为等感同身受般地理解。如果把倾听比作沟通中建立管道的过程，那么共情就是这个"管道"的润滑剂。

一、共情是什么

把共情放在技术这一章来写，是书籍框架的需要，但是在对共情有所了解后，我们就会发现，要做到共情中要求的"感同身受"，绝不仅仅是通过技术训练所能达到的，共情更多的是一种状态、一个过程，是一种态度和价值观的培养，好的共情，就是对人本身真诚一致且无条件的接纳。

1. 共情是不贴标签

不贴标签是产生共情的基本前提。下面讲一个小故事，有一条心理热线曾经遇到一位让很多接线咨询师都发憷的来电者，很难跟他建立关系。时间久了，接线咨询师们都知道了这个来电，每次这个电话打过来，大家都有点忐忑不安。可是有一天，一位咨询师却跟这位来电者持续沟通了半小时，结束时，来电者表示自己的情绪有明显改善，并且打算做一些平时没有动力去做的工作。是这位咨询师有什么神奇的魔力吗？并没有，他只是在接起这个电话时没注意看来电号码。

我们去商店买东西时，标签上会明确地写着商品名称，但是对于一个人，一个多长的标签才能囊括这个人的全部呢？一个"学习成绩差"的学生，同时可能是"热心集体活动的"；一个得了"抑郁症"的学生，同时可能是非常体贴他人感受的……当一个心怀委屈、愤怒、悲伤等情绪的学生坐在我们对面时，辅导员需要能够觉察到贴在他们身上的各种标签，并穿越这些标签，看到他们本来的样子，因为每一个"标签"都可能是一个错误的

"路标",让我们无法触碰到学生真正的内心。

2. 共情不是同情

共情,英文是 empathy;同情,英文是 sympathy。从单词构成看,它们只差一点点,但正是这一点点会让对话的效果发生天壤之别。共情和同情最明显的差别是站位不同。网络中有一个名叫《共情不是同情》的动画小短片,掉在井里的狐狸大喊:"我卡住了,这里好黑,我快崩溃了。"代表共情的小熊选择想办法爬到井底,和狐狸一起坐在黑暗里,并且说:"我理解你的感觉,我陪你一起。"而代表同情的麋鹿则是选择趴在井口往下看了看,说:"你怎么这么倒霉啊。"看到了吗?同情总是会让我们或多或少地感受到一种居高临下、幸灾乐祸的味道;而共情,是表明我也曾有过你的痛苦,或者虽然我不曾有过这样的痛苦,但是我愿意陪你一起感受。

3. 共情与理性不冲突

共情是对对方情绪的深度理解,在这种理解基础上做出的问题处理方案或是行为指导,有可能带着较明显的情绪色彩,存在"内群体"偏差,简单说就是容易"屁股决定脑袋",导致产生一些不公正的决策。比如,在处理不同院系混合居住的宿舍内部矛盾的时候,有的老师可能会更容易理解自己的学生,同时希望其他院系的同学多做一些改变或退让。这是因为我们身处的位置会决定我们的认同感,继而影响到我们共情的范围,这无法避免。我们能做的,就是在听学生陈述时,以及在对学生进行情绪共情的时候,内心还有一个提醒的声音,我们要不断换着角度去听,从更高的站位、更广的系统去理解问题。这样,在感性共情的时候,就会多一分理性,尽量减小内群体偏差。

综上所述,我们可以看到,共情是对情绪允许而不掩饰否定,对观点理解却不评价好坏,态度温和而不强迫,感受对方的情绪而不陷于情绪,双方的位置是平等的,是贴近对方的世界,而非侵入对方的世界。

二、共情需要怎么做

华中师范大学心理学教授江光荣曾经在一次讲座中指出:"(咨询)只

有'共情'是不够的，（咨询）需要的是'有关怀和尊重'的共情，才能让当事人真正感到'你听到了我'。"如何做到有效共情呢？我们将有效共情的特质简单总结为好奇、稳定、信任和边界四点。

1. 好奇——开放式问题

学生提出的问题会引发我们一系列的好奇和对细节的探索。在面对问题时，我们切记要保持好奇，不要急于给出"答案"。这样不但可以给自己留出思考的空间，也给谈话的学生留出了成长的空间。我们可以通过问题保持好奇，注意要用开放式的问题，而非让对方回答"是"或"不是"的封闭式问题。因为封闭式的问题容易引发对话的双方之间"权力的游戏"，在封闭式的问题中，对方需要马上回应"对不对""是不是""好不好"，容易产生被逼迫的感觉；而开放式的问题，通过问"怎么样""是什么""为什么"等问题，允许对方领着我们去接近他的真实感受。

2. 稳定——放缓节奏

强烈的情绪容易让我们陷于情绪的旋涡，无法表达和接收共情。而把情绪节奏慢下来，才能有效表达和接收共情。那怎么放缓情绪节奏？我的答案是"回到现实"+"细节提问"。例如，学生跟人打架了，正处在气头上，这个时候你要怎么去共情？首先，我们应该带他到一个相对安静的地方，隔壁宿舍或者办公室都可以，给他一杯温水，坐在他的对面。这些步骤，都是把学生从极端的情绪中拉回到现实世界的方式。等他的情绪稍微缓和一点后，我们可以用开放式问题对细节进行提问，进行放大镜式观察，例如"在打架之前发生了什么？""在你动手的那一瞬间你脑海里是怎样的画面？"。在这样的"观察需要"下，对方就不得不放慢放大自己的思绪，回到理性当中。

3. 信任——让故事充分展开

我们在本节一开始就提到，与其说共情是一种技术，不如说是一种态度、一种价值观，因为共情是在人人平等的基础上，相信生命本身就具备发生改变的天性。有了这种态度，我们就能够在谈话中允许学生用自己的节奏和方式来讲述他的故事,听到他们各种行为背后的故事的脉络。在听故事的时候,我们一方面要看到过去,尝试理解旧有的模式、观点和对自己的理想化如何影响学生的现在;同时要看到未来,我们每一个人的生命都像是一条在时间的河床中不断前行的河流,随着时间和境遇的变化,生命的状态总是不可避免地会发生改变,哪怕只有一点点。

4. 边界——保持距离

共情的显著特点是"感同身受",但还有一个特点就是"我不是你",人本主义大师卡尔·罗杰斯曾经明确地指出:"共情就是要在保持自己的立场的同时,能进入到他人的内在,好像自己就是那个人一样,去精准地理解他的感受与所说的意思。也就是说,去体察到他人的快乐或受伤的感受,并且能理解到其所发生的原因。但是同时要能意识到这只是一种'好像是'发生在我身上,但却不是我的真正经验。如果失去了这种'好像是'的品质,那么这个状态是'认同'而不是共情。"共情的时候,我们要提醒自己保持边界,有了边界,才会有距离来帮助我们保持冷静和理性。当我们在谈话中感受到自己的情绪被带起来时,应该及时觉察并后撤一步,留出距离来观察这份感受。正因为有这个距离空间的存在,那些倾向性的、片面的看法才能有地方暂时搁置,时间的轴线、资源化的视角才能有机会出现。如果你和学生一起哭得稀里哗啦,那么产生新的感受和办法的空间就消失了。

三、共情式倾听——共情和倾听的结合

在工作中,我们往往会听到老师的一种担心,就是觉得自己只能听学生说说,却帮不上什么忙,感到很无力。

生活中的倾听,大多属于"同情式倾听",同情是为了安慰别人,而共情则是为了理解他人。共情并不是没有行动力的一种情绪,凯瑟琳曾在《共情的力量》一书中指出,"所有的共情都是以行动为导向的,共情的存在意味着你在不断地思考:'我怎样才能帮上忙?我能做些什么?接下来我能怎

么办？"所以，"共情的核心是理解，共情始于理解，但绝不止于理解。"

共情式倾听，包括但不限于情绪回应、故事重述、观点提炼、积极资源采择和赋能等功能，大家也可以在工作中自己去体验、添加其他功能。其中，我们会在下一节"反馈"中详细论述共情过程中的情绪回应；而故事重述则是通过共情式倾听对对方讲述的故事进行细致的重述，因为被看到或者被见证，本就是讲述者或明或暗的一个诉求；观点提炼，就是通过有边界感的共情式倾听，帮助来访者看到自己故事中暗含的逻辑、观点；积极资源的采择和赋能，是指在共情式倾听中找到对方自带的资源，并将这些资源总结出来，从听者主观感受的角度反馈给讲述者，让他看到自身的力量所在。例如，"我听到你说自己回到家乡后，主动找定点医院做了核酸检测，主动在家自我隔离了14天，并且一直在积极主动地做一些自我防护，也让家里人和身边的人注意防护。听到这些，我觉得你是一个善良贴心的人，同时，你还非常具有行动力。"这就是一句在共情式倾听后资源取向的反馈，同时进行赋能。

第三节 反 馈

美剧《我们这一天》中有一个情节，身为职业演员的男主角 Kevin 有一段独白，大意是，"我在片场的日子比在现实生活中容易得多，导演叫我做什么，我就做什么。他说微笑，我就微笑；他说大笑，我就大笑；他说哭，我就哭；然后他喊，停……就又剩我一个人。"这段话生动地表达了没有反馈的表达带给人的体验，如果没有回应，没有情感的联结，就算在人群中，我们也会感到孤独。

简单理解，反馈，就是对方说了一句话，我们要怎么回应，但比较一下"嗯，你做得不错"，"是的，我听到你做了很多事情来帮你自己走出困境，但是现在依然感到很无助"这两种回应，我们就会发现，好的反馈，更能走近人心，让对方更明确地体验到我们给予的理解和支持。从某种意义上说，反馈技术是共情的一种具体应用,可以体现在内容、情绪和过程三个层面上。本节我们将从内容反馈、情绪反馈和过程反馈三个层面来讨论反馈在心理疏导中的使用方法和意义。需要说明的是,这三个层面本身也是相互融汇的,在实际操作中很难割裂开来使用。

一、内容反馈

顾名思义,内容反馈就是对言语中所表达出来的内容进行回应。内容反馈是最基本的反馈,它反映的是我们听到对方在说什么。我们一起来听听这句话,"老师,我就是觉得我学习已经都这样了,我也没有太多想法,能顺利毕业,再找份工作就行。"你听到了什么?一个学生,学习成绩不好,对未来没太多计划,毕业就打算工作。除此之外,这句话还有没有包含更多的内容?

中国传统文化讲究含蓄,很多时候没有说出来的内容比说出来的更重要,因此,进行内容反馈时,不仅要反馈已经明说的内容,更要反馈那些语焉不详、欲说还休的内容,包括以下几种情况。

1. 以为都说了,实际没说清

在口语表达中,往往会出现"嘴没脑子转得快"的情况。一件事,在说话人的脑海里已经出现一百个画面了,说出来可能却只是"那些人""他们都""就这样""压力太大了"等类似的表述。听者要对内容有更准确的反馈,就要留意到这一类的表述。但作为听者,我们往往会习惯性地忽略这些日常谈话中非常常见的说法,所以更要有意识地去捕捉这一类词汇。在心理疏导工作中,如果我们能对这一类表述展开追问,会得到很多意想不到的收获。例如,在上面那句话中,"学习已经这样了""没有太多想法",如果我们能去追问一下画虚线的这些用词:"这样"具体指什么一个状况?挂科多少?学分已经拿到多少?"没太多"想法,那么"为数不多"的想法会有哪些?或许我们就会发现,"这样"的成绩,可能只是指学生没有拿到国家奖学金;"没有太多想法",可能学生是一门心思想去创业。

2. 字面的意思不是真实诉求

就在我写这部分内容的时候，我10岁的儿子拿着妹妹画的一张画问我："妈妈，这张画里这么漂亮的云是谁给她画的？"我在回答完"我给画的"之后，按理说已经回答完了他的问题，考虑到最近兄妹俩总是互相嫉妒妈妈更爱对方这事，我又加上了一句"你想要吗？妈妈也给你画一个吧？"本来以为他不会想要，谁知他居然开心地说好啊。有时说"没办法"，表达的其实是尽力了，我们需要反馈那些看得见的努力；有时说"算了吧"，表达的其实是不甘心，我们需要反馈那份还想再试试的决心。我们要去听学生一段话背后真正的需要，才能反馈给对方真正想要的东西。

3. 外在表达不清，内在思路混乱

学生来找老师的时候，如果是咨询一些比较难以抉择的事情，他们的内心往往还处在没有想清楚的状态。这时，我们可以通过内容反馈抽丝剥茧，帮助他们在回答的过程中厘清自己的处境和想法。大家还记得"倾听"那一节中同学小刘的案例吗？小刘在叙述中提到爸爸躺在床上，妈妈一个人劳动，他无法心安理得地读书，这几句话让我们看到了小刘现在的困境，但是他想怎么办？他能做什么？他现在拥有哪些资源？现在最困难的部分是什么？他最终该怎么办？这些都可以通过内容反馈来厘清，最终帮他全面地权衡利弊，做出更合适的决定。

二、情绪反馈

1. 情绪反馈是为了鼓励情绪表达

一些学生来找老师，很多时候是带着委屈、难过、愤怒、不满、期待等情绪而来。在其他的场合，他们可能会压抑自己的情绪表达，但是在心理疏导中，让学生表达情绪是我们的工作目标之一，所以我们要通过情绪反馈，传递一种"允许"的感觉——在这里，你的情绪是被允许表达的，也许我对你处理问题的一些方式方法有不同意见，但是我是能理解并接纳你的情绪的。例如，"你刚才在宿舍里跟同学打架，这个行为肯定是要受到批评的，你要承担相应的责任,但是他说的那些子虚乌有的事情,让你感到委屈和愤怒,这一点老师能理解。""你说没人关心你,这么困难的时候,你一定感到很无助吧,你愿意跟老师多说一些吗?"

2. 情绪反馈是为了更准确地识别情绪

年轻的大学生常常会用"急死我了""真愁人""郁闷""想哭""闹心"等词汇来标记自己的情绪,这些词汇听起来也能表达出一部分他们当下的情绪,却有可能掩盖了真实情绪的强度或是一些更深层的情绪。经过训练的情绪反馈,能够更准确地帮助他们标记清楚自己的情绪状态。我们首先利用上文提到的倾听技术,将学生的情绪区分为愤怒、恐惧、冲突、悲伤和幸福五大类,然后将其口语化的情绪表达转换成情绪词汇,例如生气、悲伤、焦虑、内疚、自豪、嫉妒、激动、恐惧、厌恶、退缩、兴奋、紧张、担心等,并可以适当加一些副词来区分这些不同种类情绪的强度,例如"你现在有一点内疚""听起来你非常担心家里"等。只有情绪先被准确地标记,干预措施才能更准确。

3. 情绪反馈是为了干预情绪

情绪需要表达,但是过于强烈的情绪对事情的解决和个人的成长都是没有助益的,在强烈的情绪下,理性会消减,所以我们需要适时地降低学生的情绪强度,这样才能为下一步的对话打开空间。在大部分情况下,当情绪被看到或被正视时,浓度就会有所降低,但是也不排除有的时候学生已经在情绪中无法自拔,失去现实感。这时,我们就可以通过给包纸巾、递杯热水、叫声名字或是其他的肢体语言来达到干预情绪的目的。

女生小杨,在大四临近毕业的时候出现了一些情绪问题,父亲到校后看情况比较严重,决定送她去医院。但这时小杨已经有些失去理智,在宿舍里哭闹,大喊大叫,不允许任何人碰自己,爸爸站得远远的,也不敢管。辅导员是一位女老师,看到这个场景,直觉告诉她不能这样持续下去,虽然当时她也很害怕,但她还是鼓起勇气走近小杨,张开双臂说老师抱抱你。结果,在拥抱的一瞬间,小杨就安静了下来,顺利就医。

三、过程反馈

内容反馈和情绪反馈是随着谈话的进展随时可以给予的两种反馈；而过程反馈则是一般在谈话进展到一定阶段后，老师对自己听到的矛盾的、变化的、发展的过程的反馈，具有点拨、总结、指引的作用。

大一新生小张，从小父亲对他有家暴行为，妈妈比较柔弱，对他的保护不够。考上大学后，虽然离家远了，但是他的性格还是郁郁寡欢，不怎么合群。学院教务王老师是个有经验的老教师，她主动把小张叫到办公室，像妈妈一样嘘寒问暖，小张流着眼泪跟王老师说了自己从小到大的经历，王老师听完后，红着眼圈回应道："老师没想到你从小到大吃了这么多的苦，真的是太难了，高中开始住校读书，环境安定多了，但是性格却已经变得沉默寡言、独来独往；同时，老师也看到你一直都没有放弃过努力学习，是因为你想要靠自己的力量给妈妈和自己依靠，到现在老师也能看到你对学习有多认真多努力，两次考试成绩也都很好。但是，小张啊，你想过吗？总是孤身一人，可能很难体验到你一直渴望的幸福快乐，有什么担心或者害怕的，可以说给老师听吗？或者你要是愿意，咱们学校也有心理咨询室，老师可以帮你约。"

从这个案例中王老师给小张的回应，我们可以看到这种过程性的反馈，像一根线串起了小张从小到大的痛苦、变化和资源，既有回应——"我听到了你的痛苦"；也有鼓励——"我看到了你的努力"，在呈现矛盾时，也提供了信息，促进小张思考如果想成为自己期望的样子，还需要改变些什么，哪里可以帮助到自己。

四、反馈中的具体操作

1. 反馈要建立在尊重的基础上

我们不能一言堂，要多听学生讲自己的经历和想法，并在充分聆听的基础上反馈，否则就是说教。那么，一个重要的点就是要在正确的时间点反馈，在讲话者停顿的时候反馈，在讲话者说不下去的时候反馈，在最后阶段总结反馈。

2. 多使用问句

反馈更多的是听者对语言信息的解读，里面掺杂着听者的很多观点和猜测，所以并不一定是说者真正的想法。所以，建议老师在反馈的时候，多使用问句，用试探的口吻反馈，就会消减不准确的反馈可能引发的情绪。同时，除了语言反馈，身体姿态、动作表情等也是我们用来反馈的工具，上面跟小杨的沟通就是例证。

3. 将个人问题与系统环境关联起来

根据社会比较理论，个人会根据与他人相处的方式以及在自己与他人的比较中来确立自己的社会价值和个人价值。美国大学的心理学教授段昌明老师提出，由于人的社会属性，个体的行为感受与社会环境以及人际互动状况紧密相关。因此，要想个体健康，那就需要帮助他们提升"社会健康"。辅导员就可以通过反馈的方式，帮助同学提升"社会健康"，具体方法有以下两点：一是将问题系统化，绝大多数时候我们的行为和情绪都是和环境系统碰撞后出现的反应，因此我们可以通过系统化的方式减轻个体的自责自罪感，最典型的说法就是"这不是你的错""大多数人在这样的场面里都会很慌乱"；二是将问题关系化，把问题放在一个多维空间中去比较，例如从时间维度上看，可以和自己以前相比，和未来相比；从范围的维度上看，将问题放在不同的范围中去理解，简单说，就是在比较中产生的问题，也在比较中去解决。例如"虽然你的成绩没有达到全年级前十，但是你看，你在班里已经是前五名了啊。""这次活动出现一些小纰漏，别灰心，总结经验，继续努力，你看咱们现在的院学生会主席，当年一入校也是个一脸懵懂的毛头小伙子，这两年锻炼得多能干啊。"等等。

第八章

认知思维转换技术

烈日炎炎的夏日，尽管墨镜本身并不会降低室外的温度，大家出门时还会选择戴上墨镜，既能防止刺眼的阳光，也能带来一丝清凉的感受。认知就像是我们头脑中的"墨镜"，我们对世界的感受和情绪，是隔着这副"墨镜"得到的。

个体从出生到成年，接受的教育、形成的观点、家庭的观念等，都在影响着"墨镜"的颜色与厚度，影响着我们对这个世界的感受。因此，调整"墨镜"的颜色和形状，会改变我们对世界的认识和感受。本章我们就会从认知重构、具体化以及面质等方向来讨论认知思维转换技术。

第一节 认 知 重 构

建构主义学派流传着一个著名的"鱼牛"故事。从前，有一条鱼和一只青蛙，一起在一口井里生活了很长时间。有一天，青蛙跳出了井，来到了岸上，它觉得一切都很新鲜。这时，前方不远处有一头牛，青蛙仔细地观察了一番。回到井里后，它向水里的鱼描述自己在岸上看到的那头牛——身体很大，头上长着两个犄角，以吃青草为生，身上有黑白相间的斑点，长着四只粗壮的腿，还有大大的乳房。鱼边听边把牛的样子画了下来，但它画得仍然和鱼的模样相近，一个大大的鱼身子，身上有着黑白相间的斑点，长着四只粗壮的腿,头上长着两个犄角,还有大大的乳房,嘴里吃着青草……

从建构主义的观点来看,认知是一个心理过程,是人们在已有认知的基础上,对外部信息的获取、加工以及应用过程,它和个体的生理发育水平、知识学习、经验累积、生活环境等因素密切相关。

一、影响认知的因素

1. 年龄阶段

对于一本书,每个人都可以用眼睛看见它的颜色、大小,用手感觉出它的质地、厚度、质量,用鼻子闻它的味道,如果愿意,也可以用舌头舔一舔、尝一尝。1 岁的孩子会知道这个东西不好吃,2 岁的孩子会知道这是纸,3 岁的孩子会知道这是一本书,认字的孩子还能知道这本书的名字,成年人会从书名大概推测出书的内容,还会知道这本书适合什么年龄段、什么专业背景的人来看。从这个例子,我们可以看到不同的年龄阶段会有不一样的认知水平,但更重要的是,随着年龄的增长,我们会学习各种知识,积累不同的经验,试想,如果一个 60 岁的老人不识字,他也无法知道这本书的名字。辅导员的工作对象大多处于成年初显期,年龄阶段差不多,影响他们认知的因素主要是过去的经验和现实的线索。

2. 过去经验

根据皮亚杰的发生认识论,我们的认知思维是在已有的思维基础上不断发展"扩建"的。在面对新出现的外部信息时,大脑为了节省认知资源,会自动先在脑海中已有的知识经验中去寻找"相似"的信息来进行比对,带着不同的知识、记忆和经验来觉知这个世界,就会得到各种不同的理解、情绪和感受。对于同一张桌子,在有的人眼中,像高中用过的写字台,看到就会想起熬夜苦读的日子;在有的人眼中,这桌子颜色和以前家里的饭桌一模一样,一下子就想起一家人在一起共进晚餐的温馨时光;当然,在有些人眼中,这就是一张普通的桌子。一个从小被父母严厉管教的孩子,对父母严厉的目光非常熟悉,上大学后看到严肃一点的眼神很容易就会感到被责备、被批评；一个从小被宠溺的孩子，习惯世界围着自己转，可能压根都注意不到旁人的各种目光。由此可见，同样的世界在不同的人眼中会"变"成不一样的世界。

3. 外部线索

我们都知道世界是由物质构成的，但是没有谁能一览世界的全貌，我们对世界的看法和感受永远都会受到角度的限制。这个角度可能是物理的，例如站在山脚下和站在山顶上看到的风景会截然不同；同时，这个角度也会是心理的，现实中的很多因素都会影响我们内心对角度的选择。

某个课堂上做过这样一个小实验。老师把全班同学分为六组，每组抽取一个秘密信笺，信笺上写着一种身份标签，每个小组只能看到自己的标签。从拿到信笺的那一刻起，大家都不允许说话，只能按照信笺上的身份标签来行动，同时观察、感受周围的一切。其中一组抽取到的身份标签是"小偷"，于是他们开始打量教室里谁的包拉链没拉好，谁的裤兜里装着钱包，同时，他们还在猜测，谁是"警察"。游戏结束时身份揭秘，六个组的身份标签分别是"小偷""婴儿""3岁孩子的妈妈""强迫症患者""高考考生"以及"出轨的丈夫"。有趣的是，大家在交流时发现，"小偷"组的组员一直在猜谁是"警察"，"婴儿"组的组员一直在猜谁是"妈妈"，"3岁孩子的妈妈"组的组员一直在看哪里地不平桌角太尖，"强迫症患者"组的组员在猜谁是"抑郁症患者"，"高考考生"组的组员在想哪组是"监考老师"，"出轨的丈夫"组的组员一直在惴惴不安地猜"妻子组"都有谁。

上面这个小故事生动地向我们展示了每个人看待这个世界的角度很容易受到外部线索的影响，一旦我们选择了某个特定的角度，就很容易按照相应的脉络思考下去。

二、认知模式如何影响个体心理健康

在学校里，学生们来自不同的地域，他们的性格特点、生活习惯、家庭教育以及专业兴趣等都不尽相同，因此他们对同一件事就会有不同的理解，有时一些不良的认知模式就会影响他们的心理健康状况。这种不良的认知模式很多时候会在个体内心根深蒂固的潜在假设引导下,以一种自动化的反应方式出现,歪曲事情本来的样子,继而影响到学生的心理感受和情绪。

造成个体不良的认知模式原因,多来自原生家庭的影响,包括童年期遭受过遗弃、隔离、身体或心理虐待,家庭成员关系过于严苛或松散,父母过度保护,父母对孩子成就的期待大于对情感的回应,家庭中避免出错的要求超过了对欢乐、放松等情绪的追求等(表3)。

表3 早期经历与部分不良认知模式的关系

早期经历	不良认知模式	可能的表现
遗弃/情感拒绝/虐待等	我是不好的/我是不被喜欢的	低自尊,人际疏离,情绪不稳定,对他人缺少信任
过度保护/缺少鼓励/能力被长期贬低	我是没用的/我注定是不会成功的	过度依赖,不敢尝试,遇到挫折后单一归因
溺爱/父亲缺位/家庭成员间鲜有合作	凭什么不是我/为什么你们都不理我/为什么都不听我的	难与他人合作,缺乏方向感,无法容忍集体生活中正常的不适感
被忽视/被要求为家庭其他成员牺牲自己的诉求/表达的想法不被重视	我没事/不用考虑我/我的感受是不重要的	人际退缩,委曲求全,不表达自己的想法,常有讨好他人的行为
家教严苛/对成绩要求极高/不被允许有自己的选择	不犯错比快乐更重要/我不值得过得这么快乐幸福/做事必须完美	完美主义,谨慎胆小,压抑内敛,对自己要求严苛

大一新生小赵自小因父母在外打工,上大学前一直跟奶奶一起生活,比自己小十岁的妹妹因为父母在打工的地方站稳了脚跟,一直得以和父母生活在一起。小赵从小就比较敏感内向,觉得父母不和自己一起生活都是因为自己不够好,在宿舍里也比较沉默。一个周末,舍友们商量去公园玩,小赵正好去了图书馆,舍友打她电话又因为铃声被设成静音没有接通。晚饭后小赵回宿舍,发现屋里一个人都没有,过了一会,舍友们有说有笑地回来了,小

赵瞬间觉得自己就是那个被全世界抛弃的人。舍友事后解释，打过电话叫她，小赵却觉得，如果你们真的想带我，可以等我改天一起去，也可以来图书馆找我，一个没接通的电话，可能正是大家想要的吧，我要真的去了，反而会扫大伙兴致的。

从这个案例里，我们可以看到，小赵看待这个世界的"墨镜"颜色受小时候留守经历影响很大。从小"被留下"的事实，在小赵心里逐渐形成了一个越来越坚固的假设——"我被留下都是因为我不够好"。上大学后，宿舍是一个兼具着"家"的意味的地方，舍友关系很多时候能够在个体的内心映射出原生家庭关系中的影子，大家都去公园而小赵没去，不管原因是什么，这件事就是会被小赵自动套上"我被留下都是因为我不够好"这样一个认知模板，这个认知模板浮现在小赵内心当中，继而会引发她和小时候同样的情绪，包括愤怒、委屈、伤心等。时间一长，这种解读和情绪势必也会影响到小赵的人际关系。

三、认知重构的方法

认知重构，其基本出发点是消除歪曲及不合理的推测、思维和观点，如果对一件事的理解会引发一个人的负面情绪和消极行为反应，那我们可以在了解他对事物的理解、知觉和感受之后，用一种新的、正向的语言或观点，从当事人的特质、能力、资源、动机、本心或意义等维度，引导他重新看待同一件事。认知重构的过程一般可以分为三步，分别为识别、改释、夯实练习。

1. 识别

在认知重构的过程中，识别的核心就是我们自己要先觉察到学生对问题的解读具有哪些共同特征，然后帮助他们意识到自己是对问题中的哪些信息给予了自动的关注，继而做出了哪些错误的逻辑推论。在自动化的思维中，个体往往会因为过往经历和习惯，只注意到问题中的部分特征，而忽略了其他的信息。例如，在上面小赵的案例中，因为从小就"被留下"，所以她对于情境中"独自一人被留下"一类的信息会格外敏感,并将这一类信息自动编码为"因为我不好,所以被留下";同样,一个有考试焦虑的学生,更容易注意到别人复习的进度比自己快,更容易知觉到自己还没有复习好什么,而看不到自己已经复习好了哪些,继而产生"我还啥都没复习好"的焦虑感。

在表3中,我们已经简单列出了一些不良认知模式。为了让大家在工作中能够有更直接的运用,我们参考谢利的分类,结合实际学生工作中接触到的真实案例,归纳出大学生常见的十种歪曲的自动化思维(表4),它们的特点是要么将矛头指向自己,钻进牛角尖,导致产生焦虑、自罪、自我否定等消极情绪感受;要么将矛头指向他人,过度推论,导致产生愤怒、自卑、委屈等消极的情绪感受。

表4 大学生常见的十种歪曲的自动化思维

自动化思维	举例
"读心"思维	她就是看不起我,觉得我哪里都不如她;他们肯定是觉得我穷,所以才不叫我一起出去玩
自我预言思维	我这次考试肯定又得挂科;我才不列什么计划表呢,列了之后,我的拖延症也好不了
灾难化思维	如果我考研失败,我爸会杀了我的;这次演出要是演砸了,我可就没脸见人了
贴标签思维	我有抑郁症;我从小就是个胆小的人
理所应当思维	我并不觉得我有多用功,学生不就该努力学习吗?
消极关注思维	倒霉的总是我;全班没一个人喜欢我
过度推论思维	我长这么大就没干成过一件事;我连这么简单的事都干不好,我算是完蛋了
自我归罪思维	我俩分手就是因为我没做好;这次活动没办好,都怪我没策划好
受害者思维	我妈把我害成这样;如果不是他们排挤我,我怎么会变成现在这样?
评价性思维	他这人总是这么差劲;这次晚会虽然很成功,但是你们的海报做得并不怎么样;我不行,学啥都学不会

2. 改释

有两句话大家非常熟悉,"只剩半杯水了"和"还有半杯水呢"。后者就是对前者的简单改释,在事实没有变化的基础上,我们的情绪如何变化,就看我们如何理解注释这件事情。识别出有偏差的自动化思维模式后,就要引入相应的新线索和新观点来对其进行新的解读,这个过程可简称为改释。改释的目的是要看到更全面的信息,找到问题中的积极资源所在。改释的具体方法有以下几种,当然这些方法只是进行改释的一小部分方法,它们很多时候也需要配合着使用。

(1) 扩展思维。引导学生看到其关注点之外的其他信息和可能性。例如,灾难化的自动思维"如果我考研失败,我爸会杀了我的",我们可以看到这句话将关注点放到了父亲的愤怒上,进行改释的话,可以尝试帮助学生去体会父亲愤怒的同时,还可能会有一些什么样的情绪?这样就会把学生对父亲愤怒的关注转移到父亲对自己的期待和父亲自身的恐惧上,情绪的性质和强度就会发生变化。这个方法可以给消极关注思维、受害者思维以及评价性思维带来一些变化。

(2) 关注细节。我们可以通过对细节的讨论,发现原有自动化思维中的资源,或是让学生自己觉察到其中的一些不合逻辑之处。例如,贴标签思维中"我从小就是个胆小的人",面对这样的思维,我们可以请学生详细说说从小就有的"胆小"都有哪些具体的表现。在细节化的故事中,我们很容易看到学生"胆小"的另一面——谨慎、周密、稳妥等,从而做出不同角度的改释,帮助学生更加悦纳自我。"读心"思维、自我预言思维以及理所应当思维,都可以尝试运用这个方法来进行改释。

(3) 任务导向。这种方法是引导学生关注到任务本身,从纷乱的情绪中看到"我做些什么可以使这次或下次的任务完成得更好",把学生从不可更改的已发生的事实和负面消极的情绪中,带到可努力的、可改变的部分中来。例如,自我归罪思维中的"这次活动没办好,都怪我没策划好",作为老师,我们需要先去共情学生的失落、沮丧心理,同时要看到这位学生积极追求做好一件事的力量和勇气,然后可以带着他复盘一下有没有可以吸取的教训和可以运用的经验。这样一来,一个"失败"的活动就被改释成了一个

"资源宝藏",里面有教训,有经验,还有年轻的回忆。

许维素提出,至少有以下五种中文语言结构或信念可以用在认知重构当中:

① "虽然(负面),但是(正面的、可贵的、难得的)",例如,"虽然你现在英语学习存在困难,但是你每天都能够坚持阅读,时间长了肯定会有效果。"

② "我不确定……,但我确定……",例如,"我不确定你最后能找到什么样的工作,但我确定的是你的努力和用心一定会给你未来的工作带来助力。"

③ "至少""起码(没有更糟)",例如"至少你现在还期待自己能够正常毕业,那我们一起来看看怎么做能够离这个目标更近一些。""虽然你觉得自己朋友很少,但起码宿舍的同学还是很关心你的,他们很担心你。"

④ 从当事人的强烈情绪中挖掘意义和资源,例如,"分手后你难过了这么久,我想你们在一起的时候一定有非常美好的时光和回忆,所以你才有如此多的不舍。""你跟我说了这么多妈妈的不好,你一定对她有很多的期待,对你们之间的关系有很多的期待。"

⑤ 坚信看似不合理的行为背后,一定有一个重要的理由,我们可以藉由这份信念,与一些行为举止有异的同学进行讨论,加深对他们的共情、理解。

3. 夯实练习

自动化思维背后,是经年累月形成的认知模式。例如前文中的小赵案例中的自我归罪思维——"我被留下是因为我不够好",就是源自童年时期积累的"我不够好"的认知模式,而这种认知模式不会只出现一次,它会在任何有一丁点相似的场景中浮现,影响学生的情绪和心理健康。因此,我们的一次心理疏导并不能一劳永逸地解决问题。授人以鱼,不如授人以渔,我们需要做的是让学生意识到一些不良认知模式的存在,学会及时觉察它的浮现,并且提前给自己制订几种应对的方法,例如,自我暗示"我已经不是小时候的我了",或是及时向了解情况的朋友倾诉等。

只有不断地进行觉察练习,并且配合有改变的行动来夯实胜利成果,不良认知模式的影响才有可能慢慢消褪。

第二节 具 体 化

在上一节"认知重构"中,我们了解到,每个人都是带着各自的经历和记忆在理解和感受中建构这个世界的。所以,我们在表达的时候,很容易以自己的内心感受为参照系,常常用一些"我觉得""就那样""他们都"等词汇来表达自己;而我们在听的时候,也容易忽略掉这些含混却常见的"还好吧""一般般""无所谓"等词汇,以为自己都听懂了。其实不然。具体化技术,就是要在谈话中敏锐地捕捉到这些模棱两可或话外有话的表达,请讲述者再具体一点地表述,提高表达的"精度"。

一、具体化的作用

在谈话的不同阶段,具体化技术有着不同的作用。

1. 在谈话初期,使用具体化能够避免产生误解

谈话中误解的来源往往有以下两种。

第一种是讲述者对事实和想象的混淆。我们每个人的记忆都无法做到完全准确,特别是在一些情绪的影响下,选择性的注意或者忽视,都会给我们的记忆带来偏差。因此,在事后的讲述中,只有具体化的细节,才能帮助我们更好地区分事实和想象。因为如果是事实,往往可以找到更多细节的支撑。

第二种误解的来源是倾听者的主观加工。在日常的口语当中,我们常会默许一些模棱两可说法的存在,比如"还行吧""就那样吧"。但是,如果在谈话中也把这样的说法当成正常的话,那就可能会让我们错失很多信息。

很多时候，学生嘴里说着"还行吧"，内心往往是想表达有一些方面不太好；嘴里说着"无所谓了"，内心可能是对某一件事还有很多不甘心，如果老师不追问几句的话，可能就会留下"这孩子没什么问题"的印象。

2. 在谈话过程中，使用具体化可以发现资源、扩展谈话

在本书策划过程中，有的老师反映，在做心理疏导的时候，有时感觉没话说，进行得很艰难。其实，具体化就是一个帮助我们扩展谈话的工具。举个例子，就"我家里人也不怎么喜欢我"这句话，我们能感受到的是"这孩子确实很可怜""家人关系比较疏离"等印象；但是，如果我们可以问一问："你说的'家里人'都指谁呢？""家里人当中有没有相比较起来对你好一点的人？是谁呢？""哪些事情会让你觉得他对你更好一点？"在这个过程中，我们对话的"景别"，就从只瞄准伤痛的"特写画面"，扩展成了"中景画面"，画面越大，里面包含的内容就会越多，我们就越容易找到能帮助对方的资源。

3. 在谈话结束时，具体化能引发行动

无论是心理咨询，还是心理疏导，谈话后发生改变是一个共同的目标。包括内在的心态、情绪，以及外显的行为表现。与表个决心便草草结束相比，具体化可以让我们的谈话效果在结束时更进一步。在上一节"认知重构"的结尾部分，我们提到"（认知重构需要）配合有改变的行动"，行动往往是具体的。因此，在谈话结束前，我们可以通过具体化来制订一些致力于改变的行动计划。清华大学心理发展指导中心原副主任刘丹曾提出过一个"三·十·六计"（表5）的行为制订计划，我们可以尝试将其用在这里。例如，一位老师就学业问题和学生进行谈话，快结束时，学生向老师表示自己会努力的，这位老师可以用"三·十·六计"法来回应。

表5 "三·十·六计"样例表

三·十·六计	回应
学生提出"三"条计划	来跟老师具体讲讲，你可以做哪些事来努力，不一定是长远宏观的规划，小小的计划就可以，说三条试试看？

(续)

三·十·六计	回应
"十"分地或者充分地肯定和鼓励	老师觉得你提出的这三条非常好,与你之前有明显的不同
增加至"六"条建议以供选择	老师这里也有三条建议,和你自己的加起来一共有六条,请你在这里面选择三条你觉得最合适的,在后面两周之内开始执行

二、什么时候需要进行具体化

我们可以以谈话的发展阶段为线索,分析具体化方法的作用。从总体来看,不管哪个阶段,当我们觉察到谈话中存在含混不清、逻辑混乱或者需要进行危机评估的时候,就可以使用具体化技术来进行澄清。

1. 含混不清

含混不清指一些模糊或概括性的表达,常见的有"差不多吧""还行""还可以""挺好的""就这样吧",等等。

2. 逻辑混乱

当学生逻辑混乱时,我们需要认真倾听他们的话,并且前后联系、主动思考。需要注意的是,逻辑混乱存在多种可能,有的是因为讲话者在隐瞒某些内容,导致前后矛盾、逻辑混乱。这时,我们可以通过具体化技术进行澄清。但是,还有一种情况需要我们引起警觉,一旦学生出现持续的逻辑混乱,不能排除他有精神类疾病的可能。

3. 危机评估

当学生表现出一些危机信号的时候,也是非常需要具体化追问的时候。学生有时会使用一些隐晦的说法来表达跟死亡有关的想法,我们需要澄清和追问清楚,例如"你刚刚说的放下是指什么?""你说想一走了之,是指曾经有过关于自杀的想法吗?""你不想活了的想法有多久了?有想过具体的结束生命的方法吗?",等等。需要明确的一点是,有的老师表示遇到危机的情况时不敢追问，担心引导学生自杀，但事实是，追问和澄清有关自杀的想法，并不会导致学生自杀。如果发现学生有自杀、自伤的苗头或尝试，我们一定要多问、多关心学生，在追问学生自杀想法的过程中，学生所经受的困难和痛苦就会被看到。这些追问和澄清，不仅不会诱发学生自杀，反而就像是照进黑暗中的一束光，给学生带来希望。

三、具体化的方法

心理疏导中具体化的方法，常用的有澄清和细化。

1. 澄清

澄清的目的有两个：一是讲述者能够在进一步解释的过程中通过思考区分话语中的事实和想象；二是倾听者能够得到更多的信息，避免发生主观臆断的误会。在谈话的开始阶段，澄清的工作尤为重要。

在谈话过程中，凡是倾听者觉得不明白或者不合逻辑的地方，都可以使用澄清技术。具体来看，需要澄清的提示信号往往包括对话中的代词（他/她/他们），默认有共识的语句（你知道的/那件事/那种感觉），否定的语句（我不想要/不希望……），以及一些内涵丰富的词句（回家/该结束了/做个了断/该放下了），等等。

澄清通常是以疑问句的形式来表达，例如"你是说……？""你说的……具体是指……呢？""你能试着再详细描述一下……吗？"，以及"我没有听懂，你能换个说法讲给我听吗？"，等等。

需要注意的是，使用澄清技术之后，不一定有效果。如果讲述者对含混不清的部分进一步作出解释，那就达到了目的，我们可以更准确地理解讲述者想表达的内容。但是，如果讲述者没有对澄清的要求作出有效回应，例如置之不理，或者依然语焉不详，那我们就需要考虑是不是有什么原因让他无法讲清楚这部分，这里的原因可能是出于创伤、悲痛、羞愧、内疚等情绪，也有可能是遗忘，亦或只是杜撰，无论如何，我们心中需要对这部分内容"标上重点符号"。

2. 细化

细化的作用比澄清更进一步，除了可以给倾听者带来更准确的理解，它还可以为倾听者带来更多的"资源"。例如，当学生表达"这么多年我都过得很辛苦，现在我觉得快坚持不下去了"，针对这句话，我们在共情辛苦感受、倾听困难原因之外，可以请讲述者具体讲一下，之前也过得很辛苦，是什么让他能够坚持到现在的；之所以现在他还愿意和老师沟通谈话，是期待生活当中哪些部分能够发生变化。通过类似资源取向的问话，我们会发现新的资源，从而给予学生一些有针对性的力所能及的支持方式。

细化的提问方式可以参考焦点解决治疗中的一些提问方式，包括差异提问、评量提问、应对提问、追踪提问等（表6）。[1]

表6　提问方式样例表

提问方式	具体操作	作用	例句
差异提问	对现状与愿望、过去与现在、惯常与例外等情况进行细微的细节比较	在对照中寻找资源和希望感，激发行动的具体策略	你睡眠状况比较好的时候，与现在睡眠不好的时候相比，生活各方面有哪些不一样？
评量提问	将一些模糊的目标或感受，用分数标识出来	明确状况，觉察变化，推动行动	你给自己现在的自律状况打几分？为什么是现在这个分数而没有更低？如果想提高一分，可以通过做哪些事情来提升？
应对提问	询问一些很小的、被视为理所当然的行动力是从何而来的	帮助讲述者看到自己的应对策略，激发其自身内在力量	你是如何在家里有这么多困难的情况下，还能坚持学习考上大学的？
追踪提问	追问具体执行行动的细节	落实行动，或者评估危机	从明天开始，你可以通过哪些行为表现知道自己的自制力有所提升？ 可以做些什么，让今天的谈话落到实际生活中呢？ 刚才你提到的自杀，你有没有过关于这个想法的具体计划？

---

[1] 许维素. 建构解决之道——焦点解决短期治疗［M］. 宁波：宁波出版社，2013：35-39.

除了发现资源，细化还可以让生活变得更积极、更幸福。积极心理学之父塞利格曼曾指出："为了确保我们在恶劣的环境中生存下来，进化使我们的大脑更容易保留带有抗争警惕特点的消极情绪，而不是保留那些具有扩展建构功能但同时却比较脆弱的积极情绪。"因此，我们需要有意识地在平时对生活中积极的、美好的事件或感受进行"浓墨重彩"的或"工笔画般"的细致描述，这会帮助我们更容易记住这些积极的感受，并在以后的日子里回想起这些感受，给自己带来积极的体验。

"记得小时候，冬天家里总是容易停电，每到停电的夜晚，我会特别开心，因为点着蜡烛后光线不好，我可以名正言顺地不用读书。这样的夜晚，我们一家人都会围坐在火炉边，妈妈就着昏暗的烛光织毛衣，爸爸给我讲《七侠五义》，空气里有淡淡的煤烟味。我长大后总是会想起这样的夜晚，它让我觉得如此地踏实和温暖。"

以上这段短短百余字的描述中，使用了视觉、听觉、嗅觉、触觉等多种感受方式，这样，以后无论是闻到"淡淡的煤烟味"，还是看到"昏暗的烛光"，还是听到"《七侠五义》中的故事"，亦或是感到炉火的温暖时，我们都会很容易从记忆中提取出这样温馨安全的夜晚，而这种感受，恰恰就是一个人人生道路上前进的原动力。

3. 其他一些具体化的方法

在实际操作过程中，我们还可以随机使用一些灵活的具体化的方法。例如，可以使用最简单但非常好用的一个问句——"还有呢？"这个问话虽然简单，但是可以推动学生进一步的思考，扩展谈话。也可以用摄像机法，"如果当时在你们的宿舍门口有一台摄像机，你觉得它会拍下怎样的画面？"这个方法可以帮助讲述者站在更客观的角度去讲述发生的事情。老师在实际的工作中，可以根据具体的情况去发挥创造力，用更细致具体的问话，达到更准确的倾听和共情，引发更有可行性的行动。

第三节 面　　质

面质，并不是当面质疑或当面质问，而是一种语言反馈，其目的是促进讲述者意识到存在于他们的感受、想法和行为之间的矛盾之处。因为觉察是改变的开始，当一个人长期处在某种习惯性的环境或观念中时，如果本人从未感到过异样、不适或不便，那么他就不会有改变的想法；只有觉察到异样，才会有改变的念头。这就好比如果有办法能告诉温水里的青蛙，有没有感到水温已经比五分钟前高了很多，青蛙一定会想办法逃离这口越来越热的锅。而面质，就应当起到这种提醒甚至警醒的作用。

但面质确实是一个呈现矛盾、提出疑问的过程，同时，又往往是在讲述人自己完全没有准备的情况下提出，存在一定的挑战性。因此，在心理疏导中使用面质技术时，需要从动机、内容以及使用原则等多个角度来考虑。

一、面质的动机

面质是对学生的言语和非言语信息中表现出的矛盾信息加以呈现和提出疑问的过程，这些矛盾常常能反映学生在实际生活中的矛盾、选择、冲突和压抑。面质就是帮助学生从意识层面清楚地面对这些实际的问题，理性地做出决定和选择。但是，当个体一直以来信以为真、不觉有异的想法或行为被指出存在矛盾或不合逻辑之处时，往往会感到被否定、被指责或被攻击。因此，面质的出发点是面质成功与否的关键，只有当面质是带着对人真正的好奇，能够允许自己心目中以外的选项被表达和解释时，才会起到促进领悟与改变的作用，切忌出于批评和想要显示自己的高明而进行面质。

小孙是一名男生，以高分入校，大二开始和一些校外的朋友合伙做小生意挣钱，耽误了很多学习的时间。大三下学期期中考试成绩公布后，他被辅导员找来谈话。通过谈话看得出来，小孙对自己一落千丈的成绩也很着急，他对辅导员说："老师，其实我也特别希望自己能保持着优秀的成绩，将来考上研究生，爸爸妈妈也盼着我能继续读书，但是我这外面的事确实也特别多，我不去也不行啊，生意总得有人管。"

从小孙的话中，我们不难看到他的想法和行为之间是存在矛盾的，但是我们该如何指出来呢？如果我们说："你是一名学生，学生的本分到底是读书还是做生意啊？时间就那么多，你觉得怎么可能两头兼顾？"从小孙的感受来看，这很可能就是站在一个"高位"对他提出批评和指责，这样的"面质"除了破坏双方的关系，表达老师的痛心疾首，对促进学生领悟和改变并没有太大的实际作用。以小孙的个案为例，我们来看看，好的面质可以包含哪几步（表7）。

表7 面质的步骤

步骤	小孙的案例
找到矛盾信息	保持好成绩和做生意赚钱
面质的目的	帮他更全面地探索自己的目标
提炼矛盾信息	对比两个目标的重要程度以及原因
提出面质	我听到你说想保持好的成绩，考上研究生，又觉得外面的生意不能放弃，如果请你对这两件事在心目中的重要性打个分，会分别是多少呢？

二、面质的内容

面质的对象主要是学生在谈话中表露出来的矛盾，不仅指语言上的前后矛盾，也包括言语和非言语信息之间的矛盾。在实际工作中，我们见过嘴上说着伤心的事，脸上却挂着笑容的同学，也有在谈话结束时嘴上说"谢谢老师！耽误您时间了"，却一直坐着不想走的同学，类似这样的矛盾行为或话语，值得老师们再具体地问一问。

1. 言语信息之间的矛盾

例如：我们宿舍的人际关系还可以吧，就是有时候会感到有点别扭，气氛怪怪的，也不是什么大事，老师你不用担心。

面质：我听见你跟我说你们宿舍同学之间的关系很好，同时又在表达宿舍里气氛不好，可以说说哪个方面对你影响更大吗？

2. 言语与非言语信息之间的矛盾

例如：学生一边说"老师我耽误您太多时间了，您忙吧"，一边完全没有起身离开办公室的任何动作。

面质：我听到你很体贴我，怕耽误我的时间，同时我也感到你好像还有话想说，不知道是什么原因让你还在犹豫，你知道原因吗？老师很想听你讲一讲。

3. 言语和实际行动之间的矛盾

例如：学生表态要好好学习，否则对不起父母，但是一直没有停止课外打工挣钱的事。

面质：我能感受到成绩对你和你家庭的重要性，可是到现在为止，老师看到的是你把所有的课余时间甚至一些课程的时间都用在了打工上，那成绩的重要性是如何在你的计划中体现的呢？

4. 非言语信息之间的矛盾

例如：学生主动来找导师谈话，进屋后，却坐在紧靠门口的椅子上，和导师离得很远。

面质：今天你主动来找老师，应该是有事要讲，但是，你进来后就坐在门口离我最远的位置上，好像随时准备走，是什么让你想讲又怕讲呢？

三、面质的基本原则

1. 良好的关系是面质的基础

赫普沃斯等人曾指出，面质涉及的是求助者的思想、情感或行为中的某些方面，而正是这些方面导致或维持了他们自己的困难。很多时候我们要面质的问题恰恰是当事人早已习惯和觉得舒服的。因此，在双方稳定牢固的关系基础上进行面质，才会更加有效。

2. 谈话初始不宜使用面质技术

面质本质上是引导个体进行自我反思，所以在心理疏导过程中，我们选择面质的时机要以学生的状态感受为参考。与学生建立关系需要时间，即便是自己熟悉的学生，也不适宜在一次谈话的开始阶段就使用面质技术；而谈话的中后期，往往是一段关系或安全感较好的时期，这时提出面质，才更有可能引导学生去思考。

3. 情绪激烈时不使用面质技术

谈话时，我们要随时观察对方的情绪。面质是认知层面的思考，在对方情绪比较激烈时使用面质技术，要么是对方进一步被激怒，要么是面质的问题直接被忽略。在对方情绪比较平静的时候，面质的价值更容易发挥出来。

4. 不连续使用面质技术

面质常涉及个体的内心冲突和双趋双避选择，要觉察自身真正的需求，这个过程在短时间内很难完成，需要经过一段时间去剥除包裹在其表面的"防御"，消化、理解这些疑问。因此，我们要避免在一次谈话中连续使用面质技术，否则会有咄咄逼人之感，给对方带来比较大的心理压力。

5. 就事论事，对事不对人

比较一下下面两句话："你希望自己有良好的人际关系，可是你的性格太清高了。"和"你希望自己有良好的人际关系，交到真心的朋友，可是你在刚刚的谈话里提到同学们时，我听到的几乎都是评价和埋怨。"这两句话会带给人不同的感受。前一句将问题一下子归结到了性格上，这会让对方有"无从改变"的感觉；后一句，则是明确指出对方人际交往中的行为和内心期待的不一致，而改变行为、调整自己说话的方式是有可能的，这就让对方有了改变的空间，也为学生可能发生的改变指明了方向。因此，面质的时候，我们应该只针对矛盾的信息提出质疑，而不要针对人本身进行提问，提出的矛盾信息要具体、有反差，这样面质才能达到我们期待的效果。

第九章

行为选择增加技术

在第四章至第六章中,我们已经了解了建构主义和系统观的部分基本观点,本章主要是从以后现代主义思想为基础的叙事、焦点、家庭系统等咨询流派出发,总结归纳出一些能够增加行为改变和行为选择的技术方法,为大家提供促进行为改变发生的"工具箱",让一些可观察的变化得以出现,将心理疏导的效果扩展到学生的实际生活学习当中,让心理疏导的效果不再仅仅停留在谈话的一个小时里。

第一节 外 化

"你就是太容易焦虑""老师我有抑郁症""我脑子笨,也不会说话,所以同学们都不喜欢我"……类似这样的说法,在和学生的沟通中是不是很常见?这种表达,常会将问题与个体自身等同起来:你=焦虑,我=抑郁症,我=笨,不会说话=人际关系差,等等,问题被归因为个体的一种"内部属性",让人产生无助、沮丧的感受。

外化技术则可以改变这种感受。外化这个概念最初来自叙事治疗的话语体系,叙事治疗是指带着乐观尊重的态度,用包容开放的倾听理念,沿着支线故事的脉络为讲述者建构起完全不同的感觉。其中,外化就是一个重要的技术。

一、外化的作用

1. 外化将问题与人分开

"抑郁是条黑狗"这句著名的话，就是一种很典型的外化，将抑郁与人本身分开，画面就此开始变得不同。叙事治疗的创始人迈克尔·怀特认为人们本身并不是问题，问题本身才是问题。因此，外化技术的一个重要作用就是将问题与人分离，问题只是人的一个特点或暂时性的烦恼，让问题不再向内归因，让个体不再觉得问题是由自身特定的不可改变的因素引起，自责、内疚感会因此而减轻，个体也不再将被问题所控制。

2. 外化扩展了问题解决的空间

当问题不再是由"性格"或"天生"引起的时候，促进问题发生改变的因素就变得多了起来，问题变得不再那么"必然"，采取行动面对困难的动力就会出现。怀特曾指出，如果一个人就是问题本身，他能做的就非常少，因为每一个行为都意味着自我破坏。但是，如果一个人和问题的关系划分得很清楚，那么改变这种关系的一系列方法可能就出现了。

3. 外化丰富了问题解决的资源

一个人永远无法抓住自己的头发把自己提起来，但我们可以轻松抓起一只猫。外化的运用是将问题从个体内部分离出来，让系统中的元素和关系得以增加，"当问题的影响被以系统化的方式进行探索时，来访者通常会觉得自己得到了倾听和理解"，让问题解决抓手变得更多起来。

小陈被医院诊断为中度抑郁，他来找学院老师办理休学。可以看出，小陈很难过，觉得自己这一休学，就算是彻底地落在了同学后面，而且他不知道自己这个"病"什么时候才能好起来，人生没有了希望，自己这辈子算是毁了。

在小陈的案例中，我们可以在充分的共情之后，借助外化技术，将"抑郁"从小陈的"内部"分离出来,可以尝试这样说:"这段时间你的生命里好像多了一个陌生的朋友——抑郁,这是一个陌生人,它来将你的生活搅得乱七八糟,一时半会也撵不走,有没有想过跟它聊一聊,它除了带给你一些混乱,有没有其他东西是它带来的?"这时,小陈可能会想到爸爸妈妈更多的关怀、自己从超高强度学习状态中的抽离、对生活意义的重新理解等,都是由"抑郁"这个"陌生人"带来的。

二、外化的途径与方法

怀特曾将外化技术视为一种"鼓励人们将文艺和受到压迫的经验客体化、拟人化的一种治疗方法"。按照这个思路,在客体化或拟人化的过程中,问题或困难被以第二或第三人称标记,通过写信、对话等沟通形式被赋予一种能动性,帮助我们看到现实中的一些境遇,是在个体与"问题"的相互作用下建构出来的。因此,拟人的称谓、隐喻的语言以及对话的方式是外化技术运用的三个要点。

1. 拟人的称谓

可以用称呼人或动物等有生命的对象的方式来给问题命名,例如"抑郁是条黑狗";对于焦虑,可以尝试着为焦虑写一封信,以"焦虑你好"开头。用拟人的办法,将问题转换为可以沟通交流的"朋友",在非对立的前提下,会发现"焦虑"曾经带给自己的不止是负面情绪,也有不断的努力和前进。

2. 隐喻的语言

拟人的称谓会带来隐喻性的语言,因为很多人的特性会被投射到问题上去。为了更加形象生动,在命名之外,我们可以借助身边的玩偶、茶杯、钢笔等任何学生觉得合适的物品来外化其内在的问题和困难,这些物品本身的一些特点,会很自然地"附着"到问题上去,赋予"问题"新的意义和特点。例如,毛绒玩具会将柔软、温暖的特点带给"问题",茶杯会把容纳、滋养的特点带给"问题"……类似这样的投射和建构,都会丰富"问题"

本身的含义，让"问题"向"资源"的转化成为可能。

3. 对话的方式

对话，可以帮助我们认识到"问题"的"功能"，对话的内容，可以是描述问题的影响，也可以是评价问题行为的效果。前面无论是拟人还是隐喻，其目的都是引发个体与问题的对话，只有对话，才能让个体不再"困"在问题这一个点上，将内部对话转化为外部对话，在个体与"问题"之间创造出一个空间，让我们得以从问题的不同角度来理解它。由此，我们既能看到外在的表现，又能看到内在的意义；既能看到问题产生的直接原因，也能看到问题在不同范围、系统中的位置与作用。例如，有的同学总是认为自己是"没用的"，在心理疏导中，如果我们直接说"你这样说是不对的，每个人都有自己的长处"，是不起作用的，而将"没用的"这一点外化，与"没用的"进行对话，就会更容易看到学生面对"没用的"时的痛苦，一直以来对自己能够"有用"的期待，以及那份没有停止过的努力。

三、外化技术使用中的注意事项

1. 外化不是粉饰问题

外化只是心理疏导技术中的一种，它不会推翻医院的诊断和治疗方案。就像我们不能因为"抑郁"能够调整小陈的生活节奏、改变父母的期待，就努力将"抑郁"保留在我们的生活中一样，外化只是一种后现代语境中理解问题的角度，它可以帮助个体更好地理解和接纳问题，调整情绪，但绝不是回避问题本身。

2. 外化并非适用所有问题

对于一些成长过程中较为常见的情绪问题，例如孤独、焦虑、犹豫、紧张等，我们可以试着使用外化技术来处理。但是，一些涉及暴力、虐待、性侵等的严重创伤和情绪问题，则不适合用外化技术来处理，否则会给对方以及谈话双方之间的关系带来不可预测的伤害。

3. 命名或隐喻有一定难度

命名或隐喻是外化的重要方式，但这两者的使用需要建立在对问题足够敏锐和深刻理解之上，整个过程需要觉察、理解、提炼、联想、表达，环环相扣，不经过练习很难做好。另外，对没有接受过心理学训练的个体来说迅速对一个困扰自己的"问题"进行资源化的命名或隐喻，也存在难度，在双方的关系、谈话的氛围没有达到足够稳定安全时使用命名或隐喻，会让外化的过程显得过于生硬，无法触动到谈话的学生。针对这一点，我们可以在平时的工作生活中，有意识地对一些问题进行外化命名或隐喻的练习，这样才有可能在谈话中协助学生采用外化的方式来解决问题。

第二节 促进改变的问话技术

在心理疏导的实践中，我们发现，从激发学生的主观能动性和促进行为改变发生的可能性这两个角度来评估谈话效果的话，好的提问胜过大段的分析。因此，本节将以焦点解决短期治疗（SFBT）的理念为基础，为大家提供几种能够促进改变发生的问话技术。焦点解决短期治疗技术不同于传统心理咨询流派的一点，就是它的关注点是现在和未来，而不是探讨过去。所以，在焦点解决短期治疗中的很多问话方式，都是为了找到更有效的解决方法，是能够促进改变发生的提问方式。

一、关于提问的一些基本理念

1. 保持好奇

在"具体化"一节中，我们曾较为详细地论述过，谈话中误解的来源往往有两种，一是讲述者对事实和想象的混淆，二是倾听者的主观加工。在和学生谈话的过程中，容易导致我们出现主观加工的一个重要原因就是对学生所讲的问题失去了好奇，犯了经验主义错误。但实际上，就像人不能两次踏入同一条河流一样，两个一模一样的问题也是不存在的，所以我们需要用好奇来保证自己尽可能多地了解每一个学生的问题，用提问来澄清和验证我们所有的建构和假设。

2. 资源取向

作为高校的老师，面对通过层层选拔考试来到学校的学生，我们要对他们有基本的信任：我们每个人都有能力和愿望去解决工作和生活中的问题，只不过有时会被负性的事件或消极的情绪、认知蒙上了双眼，忘记了自己本身具有的能力和资源。焦点解决短期治疗的一个基本观点就是去病理化，强调通过问题来为学生创建积极的期望，引导谈话者关注到自身的能力和优势而非弱点与不足。

3. 关注点滴改变

期待通过一两次谈话或者几个好的提问就带来明显的改变是不切实际的，发现并反馈小的不同，则更能促进改变的发生。首先，无论是心理疏导，还是心理咨询，为来访同学灌注希望，都是我们工作的重要目标，关注小的改变是灌注希望的重要途径，即使现在看起来小改变微不足道，但是它会带我们看到一种可能性，如果我们只关注大改变的发生，这往往是比较缓慢的过程，迟迟感受不到变化，自己会有绝望感和放弃的念头，老师要协助学生把目光放到小的变化上来。其次，量变是质变的前提，积硅步才能至千里，每一个小改变会慢慢带来一些更容易被观察到的变化。

二、四种提问

1. 例外问句

焦点解决短期治疗有一个基本理念，就是问题不会总是一直在发生，去发现并讨论那些问题本应出现却没有出现的"例外"时刻，可以帮我们建构起问题的解决方法。

小方今年研二，开题报告迟迟写不出来，情绪非常低落。导师询问后才知道，小方在当初考研的时候，也有过类似的表现，而且比现在还严重。

针对小方这种情况，就可以试着使用例外问句，例如"考研的那段日子里，你是如何面对这种困难情绪的？你用了什么方法，让情况逐渐好转了呢？"

例外问句，就是引导心理疏导对象去看到问题较轻或消失的时候，是哪些因素在起作用，这些因素包括人、事、物、时、地以及这些因素之间的关系。比如，上述案例中的小方可能会想到，在考研那段日子里，每天晚上给妈妈打个电话，情绪就会好很多，那么"妈妈"就是一个资源性的人；实在压力太大了，就去操场东北角的一棵大树下痛哭一场，"操场东北角的大树下"以及"大哭一场"就是资源性的地点和事件，同时这两个因素之间的关联也很重要，如果换成在教室里痛哭一场，可能就不会有舒服一点的感受。

在例外问句的对话过程中，我们可以促使疏导对象有意识地思考自己主动或被动采取过哪些有帮助的办法，将目光从问题转移到资源上来，并且这也是一个赋能的过程，因为寻找"例外"就是不断在提醒他们存在改变的可能，从而为自己提升改变的信心。

2. 奇迹问句

"如果一阵有魔力的风可以解决你目前的问题，你觉得风吹过后你会看到怎样的一幅画面？"这是一个典型的奇迹问句。奇迹问句表面上看是一些不切实际的幻想，但实际目的是探索心理疏导对象内心的的愿景和期望。

奇迹问句的使用步骤是先请心理疏导对象描绘出问题解决之时的美好画面，尽可能正向化、细节化，给他一个"深层的相信与想象——他的生活是可以改变的"，然后结合现实带领他思考，如何在现有的情境中靠近自己的愿景与期望。通过这一过程，就可以了解到他认为自己在愿景实现过程中的阻力是什么，从而找到解决问题的突破口，而不是一起陷落到问题的泥沼之中。例如小方的个案，我们可以用奇迹问句问小方："我们试着大胆想象一下，如果明早醒来，你发现你所有的问题都已经在睡梦中解决了，你会看到什么情景呢？"如果小方回应："我看到我的开题报告已经完成，文件已经存档，躺在我的电脑桌面上了。"我们就可以继续询问："好的，我看到你对开题报告非常重视，那现在你觉得你遇到哪些困难呢？我们可以一一列出来，看看有没有相应的解决方法。"

3. 差异问句

差异问句的目的，是带领心理疏导对象看到导致问题出现或者促使问题解决的一些细节性因素，在对照之下，找到那些不一样的因素，增加资源性因素的出现频率，减少或避免负面影响因素的出现。

还用小方的例子，如果我们针对"无法静心查阅文献，所以找不到开题方向"这一点，使用差异问句的话，可以问："你有没有过能够聚精会神查文献的时候？有的话，那时候和现在有什么不一样的地方呢？"听小方讲一些不同之后，我们可以协助她归纳一下，能够静心查阅文献的地点是图书馆还是宿舍，时间是上午还是晚间，身边有一起学习的同伴还是独自一人，等等。

4. 评量问句

评量问句是使用 10 点评分量尺，请心理疏导对象先将自己的愿景或期望放在 10 分的目标处，然后请其对自己目前所处的分数进行评分，对照离 10 分目标处的距离；继而询问如果提高 1 分，会与现在有哪些不同，做些什么，可以推动自己拿到这 1 分。我们可以看到，在评量问句的使用中，有奇迹问句和重视小步进步的理念。

需要注意的是，心理疏导对象放在 10 分目标处的愿景或期望，可能是一件具体的事，例如完成开题报告，这个是一件客观的事实，很容易观察到。但有时他们也可能会将一种情绪状态、态度、动机或想法等作为目标提出来，对于这种抽象的目标，要具体化成可以被观察评量的指标。例如，小方期待自己能够更有学习的动力，直接把这个动力作为目标过于抽象，我们还需要帮他具体化成以下几点：哪些行为的出现会让你觉得自己的学习动力足够强了？每天能去图书馆安静地读一个小时的书？上课再也不迟到？这些容易被观察、被量化的指标，才能更有效地促进改变的发生。

三、提问后的态度

许维素在关于焦点解决短期治疗基本方法的论述中，特别强调了提出这些不同类型的问句后，我们应持有的态度，总结概括起来，有以下两点。

1. 沉默是金

心理疏导对象在听到上述不同问句后，不一定能够立即给出答案。当学生身处"问题"之中时，突然听到这些资源取向的提问，可能所涉及的方向是他们完全没有想过或不熟悉的。作为提问者，老师应当给予他们充足的思索时间。这段沉默时间的存在价值，不仅仅是可以让疏导对象创造出自己的答案，更重要的是，要让他们了解到，有效的解决方案只能来自自身的努力。

2. 小题大做

小题大做是一个比喻的说法，指的是要对一些积极性的细小情节、对学生每一点小小的进步都要足够重视。通过多问几次"还有呢"，多问几句"你是怎么做到的"，对这些积极因素和进步表现进行"浓墨重彩"的涂绘，不断夯实学生改变的信息，让愿景中呈现的画面越来越接近现实。

第三节　学生心理危机中的行为干预策略

学生心理危机事件的处理，关系到学生个人发展、家庭稳定幸福、学校安定有序，是每位老师工作中的重中之重；同时，每一例心理危机事件都有其独一无二的背景、各种各样的原因以及态度不同的家人。因此，每一例危机事件的处理细节也都不尽相同，我们在此只能对一些普遍的原因和做法进行归纳总结，但是心理危机的干预工作更需要的是极大的耐心和爱心，只有带着对人的同情和善意，带着爱心和温暖，才能做好这项工作。

一、危机信号

（一）危机信号有哪些

从工作实践中看，容易引发学生心理危机问题的因素大概有以下五个方面。掌握了这些危机信号，有助于我们及时发现危机、干预危机。

1. 面临困难情境

当处在困难情境中时，人的思维容易受限，情绪难以调节。如果不及时处理困境，容易引发情绪情感危机。

（1）适应困境。例如学生刚入学时想家，生活自理能力差，觉得学校与家乡的文化习俗迥然不同等。

（2）人际困境。例如学生总感到孤独、没有陪伴，或者常常与人发生冲突，或者失恋等人际交往受挫。

（3）学业困境。例如学生面临挂科、休学、降级、退学等学业困难，或者考研受挫、实习失败、找不到合适的工作等毕业困难。

（4）家庭困境。例如学生的家庭存在经济困难，或者父母婚姻存在问题，或者是学生与家人关系不好甚至存在冲突等。

（5）健康困境。例如学生可能患有身体疾病及精神疾病等。

（6）遭遇应激。学生遭遇突发事件，例如家庭变故、亲人去世、受到行政处分、自然灾害等。

2. 存在痛苦体验

当学生流露有强烈的自卑、自责、内疚、压抑、忧郁、焦虑、烦躁不安、恐惧、绝望感等痛苦体验时，辅导员需要重点关注他们。

3. 具有消极行为

行为是老师相对容易观察的表征。如果学生有失眠健忘、注意力难以集中、不想见人、持续旷课、行为异常等消极行为，也需要我们进一步了解与评估。

4. 既往创伤经历

在心理学上，创伤一般是指由外界因素造成的身体或心理损害，而心理创伤就是与一些生活事件相关的一种强烈的情感反应。弗洛伊德说过："人的创伤经历，尤其是童年创伤，会影响人的一生。"如果了解到学生有留守、流动、寄养经历，既往自伤或他伤经历，被虐待、性侵经历，或者自认为对其产生重大影响的负性事件等，老师都应认真对待，谨慎评估这些创伤经历对其的影响。

5. 精神病史

有家族精神病史的人，发病概率较其他人更高。如果学生家族中的近亲属有精神疾病史，虽然并不意味着学生就一定有精神疾病，但要在其出现异常时联想到有这种可能。如果学生有既往精神病史，也应注意学生是否存在未愈或者复发的情况。

（二）如何发现危机信号

1. 可观察的信号

以上五类信号中，有些是外显而直观的，容易观察到；有些是内隐而间接的，老师需要去搜集资料、整理信息、仔细推敲之后，才能发现其中的危机。我们在图2中列出了一些可观察的信号，以帮助老师迅速发现、及时干预。

2. 信号发现原则

危机信号不仅可以观察，还可以提炼。首都师范大学心理健康教育团队曾经将引发学生心理危机的相关因素进行了总结，简称为"四六法则"（图3）。

二、心理疏导中如何进行危机干预

心理疏导中遇到危机情况后，大家首先要做到将自己的情绪稳定下来，稳定不仅能让自己少出错，更重要的是可以给学生起到示范引领的作用。其次，要按照询问—转介—陪伴的流程进行处理（表8）。

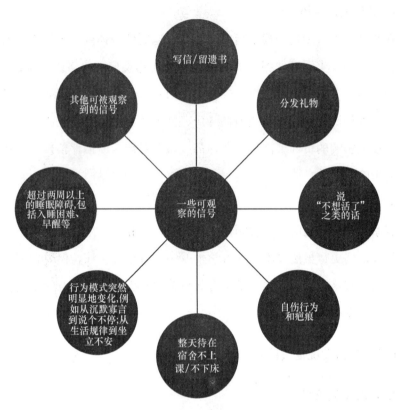

图 2 一些可观察到的危机信号

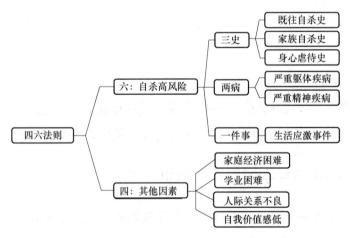

图 3 心理危机排查"四六法则"

表 8 学生心理危机处理流程

步骤	执行人	本阶段工作重点
询问	辅导员/任课教师/导师/咨询师	询问、倾听、灌注希望
转介	辅导员/任课教师/导师/咨询师	马上落实、专人负责
陪伴	法定监护人/监护人委托认可的亲友/当事人熟悉的老师、同学、朋友	两人以上、确保安全

(一) 询问

询问是指主动关注并询问学生的状况。老师注意到学生存在危机信号时,应及时询问。询问学生危机相关的想法并不容易,刚开始可能会让人觉得不敢或不知道如何开口,但只要当你注意到提示危险的信号,就应该去询问,在生命面前,分秒必争。在询问前,我们也要做好准备,包括留出足够时间(一般是1小时及以上)准备聆听;尽量在安静、安全、私密的地方谈,增加当事人的安全感;准备好耐心和勇气。做好这些前期准备后,我们需要了解问什么以及怎么问。

1. 问什么

将适应情况作为切入点,了解学生的饮食起居、学业状况、人际关系、家庭状况等方面的情况,在有一定线索的情况下,可以直接询问学生的自杀想法。

2. 怎么问

在对高校教师的访谈中,我们了解到,老师们在处理心理危机事件时会有很大的压力,就是担心询问危机相关的问题会增加危机立刻出现的风险。但是研究表明,询问并不会导致危机出现风险的增加,充满关怀的询问实际上会让当事人感到被理解而不是感觉更痛苦,当人们内心升起希望时,失望失落的感受就会随之减少。

间接询问与直接询问的例句如表9所示。

表9　两种询问方式举例

间接询问	直接询问
最近是否感到不开心（有没有因为不开心到想结束自己的生命） 是不是希望一直睡着而不要醒来？ 会不会觉得活着没意义、没价值，也没有人在乎？ 你可能知道，当人们和你一样感到非常沮丧的时候，有时也会宁愿自己死去。我担心的是你是不是也会有这样的想法。	会不会有想不开的念头？ 你是不是有不想活的想法（想到要自杀）？ 看起来你非常难受，是否正在考虑自杀的事情？

在询问过程中，老师要做到积极专注地倾听，尝试了解当事学生的感受，轻易不要打断学生的话，不要随意进行评价，避免说教。沟通的重点是灌注希望，将沟通的焦点放在正面的积极力量上。

（二）转介

我们处理完心理危机问题前期的发现、询问工作后，需要将学生转介给专业的人员和机构来帮助，这不是推卸责任，恰恰是为了对学生更负责任，让学生得到更加专业、系统的支持。

1. 转介到哪里

在高校，一般转介有三个方向，一是学校心理健康教育与咨询中心；二是校医院，可针对学生失眠等提供相应的诊断和治疗；三是校外精神卫生专科医院。

2. 转介的方式

一般来说，主要有以下三种转介方式。

方式一：如果学生存在自杀风险，或者有较严重的幻觉、妄想等症状，老师应先电话联系心理中心工作人员，按照约好的时间，亲自把学生带到心理中心。

方式二：如果学生存在较严重的心理问题，有潜在的自杀风险，要先电话联系心理中心工作人员，按照约好的时间，由当事学生指定两位他信任的同学陪伴他到心理中心，但老师需要清楚地知道学生的确去了。

方式三:如果学生年满 18 岁,有自知力,自愿同意就诊,可直接去医院挂号,可由老师陪同就诊;如果学生未满 18 岁,则需要通知监护人,请监护人带着去医院。

3. 转介可能会遇到的问题

转介涉及新的环境、人员的介入,对于一些学生而言,可能会出现排斥或犹豫现象,下表就是对一些常见情况的举例说明(表 10)。

表 10 转介中常见情况的解释说明

常见情况	解释说明
抗拒排斥:我没有精神疾病	不是只有到了疾病的程度才需要求助专业人员,可以试一试,感受一下
缺少病识感:认为这是正常反应,不需要就医	很多不舒服的情绪感受有可能是由器质性病变引发的,请医生诊断一下,没问题的话,也就可以彻底放心了
有病耻感:担心找咨询师或就医会被歧视	出现精神疾病的表现去求医,就像感冒发烧需要看医生一样;另外,咨询师和医院都有行业伦理,会对相关信息严格保密
担心副作用:害怕产生药物依赖,对身体其他器官有伤害	现在的药物副作用都很小,如果感觉到有较强的副作用,可以换药;其次,不良情绪比药物对身体的伤害更大
没有资源:不知道去哪儿看	辅导员可以主动提供正规的咨询或就医资源,或询问校心理中心提供信息

(三)陪伴

社会学家埃米尔·杜尔凯姆认为,自杀既不取决于经济基础,也不完全由家庭背景决定,相反,社会关系的亲疏是造成自杀的最主要原因。因此,面对有自杀危机的同学,协助他重新建立起与他人的联结非常重要。

一旦学生被确定为存在严重的危机,需要 24 小时有人陪护,并且至少有两人陪伴,身边一定不能离开人,陪伴地点也需要是不易出危险之处。

三、安全计划的制订

解除心理危机时,他人陪护只是应急预防手段,重要的是要帮助危机同学找到他自己有能力且有意愿使用的资源。简单地说,就是和他一起讨论陷入下一次自伤或自杀危机时的应对方法，越多越好。

这些方法包括但不限于以下几点：谁可以让你的情绪好一点？做什么事可以让你的情绪好一点？知道如何拨打公开的24小时可用的危机干预热线吗？等等。这些资源讨论完毕之后，请同学将这些内容用清晰的字迹记录下来，放在自己手边或容易看到的地方，在需要的时候，可以随时看到或想起，完成自我帮助。

四、团队合作与支持

危机干预绝不是班主任、辅导员或者咨询师或者任课教师某个人的事情。当遇到学生危机事件时，除了做好以上相关处置，我们还要发挥团队的力量与作用，协调各个部门的人员，充分调动团队的资源，帮助处在危机之中的学生尽快走出当下的困境，例如邀请学校心理咨询中心的咨询师帮助安抚学生情绪，邀请家长来校共同监护，邀请任课教师或者研究生导师对学生进行学业辅导或者论文指导，邀请财务部门在一定程度上减轻学生的经济压力，邀请校医院帮助协调精神卫生专科医院转介事宜，等等。

我们如果过度依赖自身力量，也容易给自己造成巨大的心理压力，容易产生自我怀疑或者自责心理。采用团队的形式开展心理危机干预，不仅能够更快、更有效地帮助学生尽快走出危机，也能保障参与危机干预的人员自身的身心健康及其对工作的满意度与投入度。

第十章

案例解析

第一节 情　　绪

案例一　不写论文的研究生

丹丹是研究生一年级的学生，最近导师发现给她布置任务的时候，她不是怼老师，就是故意拖延不去完成。丹丹在大学四年级的时候就已经开始跟随导师做项目，并且一向都是非常高效地完成，但是她现在跟导师的合作开始变得很消极。这个情况让导师很奇怪。

导师先去问丹丹的舍友。同学反馈丹丹最近睡眠也不是很好，而且有的时候会跟男朋友吵架，情绪也比较低落。丹丹跟同学表达过几次自己对毕业论文是否能够通过这件事的焦虑。同学安慰她，现在才研一，时间还来得及，但是丹丹总是觉得自己有可能无法顺利毕业。

得知这个情况之后，导师打算跟丹丹好好聊一聊。

导师：你最近在忙些什么？我看开组会的时候，你也好像常常心不在焉。

丹丹：我没忙什么。我连最基本的学业任务都完不成，就更不可能去做别的事儿了。

导师：最基本的学业任务都完不成，这是什么意思？你是保送上来的学生，学业成绩一向很好，我以为你在学业上不会有什么困难。

丹丹：我现在定的论文方向不好收集数据。我跟您说过几次，我没有办法完成这个论文，可是您每次都告诉我这个论文是可以完成的。可是我不知道怎么才能完成。如果完不成论文，我就没法毕业……

导师：哦，原来你是觉得这个论文完成难度太大，所以产生了恐慌感，由此很担心自己没有办法按时毕业吗？

丹丹：嗯，有点。

导师：你不知道这个论文怎样写才可能完成……如果是这样的话，我们确实需要把工作做得更细化一点。我曾经跟你讲过这个方向可以怎么做，但也许有什么地方你还没听懂。要不然你先讲讲，你觉得还需要做哪些准备，要达到什么程度，这个论文才能完成。

丹丹：好，谢谢老师，那我现在先讲讲我的想法是什么。

通过以上对话可以发现，丹丹之所以会有很大的焦虑情绪，主要来自于她认为毕业论文的难度很高，自己根本无法完成。当她用这样的信念面对自己论文的时候，焦虑值就变得很高，就会导致她对老师有很多情绪，也会使其在完成论文的过程中产生回避的行为。

导师通过丹丹的拖延行为发现并理解了她拖延背后的情绪与动机。一个优秀的研究生不能按时完成其课题项目是件比较反常的事情，究其原因是被自己的焦虑情绪控制了。如果学生的焦虑情绪没有改善，很可能就会产生逃避性的应对方式。

于是，老师在这段对话里主要呈现出来的是对学生拖延行为背后的情绪的识别、理解及接纳，并帮她把焦虑的内容具体化，然后针对她困惑和焦虑的具体问题进行分析，同时提供对学生来讲更容易实现的任务。当导师没有批评和指责丹丹的拖延行为，而是去探索其行为背后情绪的时候，丹丹也能感受到老师的关怀与支持。这个关系本身也改善了学生的焦虑情绪。当丹丹的焦虑情绪有所下降的时候，她的行动力就会提升，就能促进她把自己的学业任务完成。

案例二　抑郁的女生

小楠是大学三年级的女生,最近刚刚去心理咨询中心咨询。在咨询过程中,咨询师发现小楠有轻生的想法,前段时间她去医院就医,还被诊断出带有抑郁情绪。于是,咨询师告知学院和辅导员这一情况,希望辅导员能够在日常生活中多关心小楠,同时给予她一定的关注。

辅导员得知此事之后,第一时间给小楠发了短信,约好边吃午饭边聊。

小楠:谢谢老师,给您添麻烦了。

辅导员:没关系,这些都是份内的事情。你最近怎么样?心情还好吗?

小楠:还好吧,就是有的时候不太高兴。

辅导员:哦,怎么了?最近你家里有什么事吗?还是自己遇到什么具体的困难了?

小楠:……

辅导员:哦,抱歉,如果有什么你不想说的,可以随时拒绝我。我只是想看看有没有什么具体的困难,是我可以跟你一起想办法解决的。甚至可能即使我也没有办法,但我至少对你有更多的了解,即便只是陪陪你也是好的。

小楠:哦,老师您不用道歉,我之所以不想说,是因为我不希望您可怜我。而且我觉得您知道了也可能帮不上什么忙。

辅导员点点头,但还是温和地看着小楠。

小楠:我妈妈前年出了车祸,现在每天只能躺在床上,但是我爸爸好像对她并不是很好。我知道,我没有办法要求我爸爸必须要对我妈妈好,但是我一想到这点就非常伤心,替我妈妈难过。我自己也很内疚,如果我现在工作了,就可以把妈妈带在身边。我不知道,如果有一天妈妈离开我了,我能不能承受得了。

辅导员还是在静静地听。

小楠：我现在常常想，一个人活一辈子有什么意思呢？即便你为孩子和老公付出了所有，但是一旦你落难了，可能没有人会帮你，也没有人会一直爱你。

辅导员：所以你正在经历一些很残酷的经历，这些残酷的经历仿佛在告诉你，世界上的爱是易变的，易逝的。

小楠点点头，眼泪不知不觉间流下来。

辅导员：是啊，有时候我也会想，如果我得到的爱是易变的，易逝的，那我要怎么自处？还要不要去爱一个人和关怀一个人？

小楠：是啊，所以与其这样艰难地活着，还不如找一个合适的时机，主动结束自己的生命。

辅导员：嗯，这样就不用去面对失去的痛苦了。确实是，我们活着的每一天，可能总是要面对很多的失去、失望和失落。

所以越是如此，越能呈现出每一个还努力活着的人的可敬之处。你妈妈现在躺在床上，她一定遭了很多罪。可是，她依然在努力地活着，无论动力是什么，这都是令人敬佩的。

小楠：嗯，是的。老师，我知道……

人际的陪伴、支持与理解是调节悲伤与抑郁情绪最有效的方式之一。辅导员对小楠的情绪有很深的理解，就起到了改善小楠情绪的作用。在以上这段对话中，辅导员通过使用倾听、共情、反馈等技术来逐层深入地推进对小楠的理解。辅导员并没有被小楠想要轻生的想法吓住，而是在探索她想要轻生背后的原因，到底发生了哪些具体的事情。当听到小楠有一些限制性观念的时候，辅导员也没有立刻去纠正她不应该这样想，而是不断地尝试去理解她。同时，辅导员使用改释技术，在理解小楠情绪的基础上增加了新的观点，增加了一些有力量的东西，帮助小楠看到新的可能性。

案例三　愤怒的男生

阿峰是大一的男生，昨天晚上刚在寝室里把暖瓶砸到了地上，虽然没有伤到人，还是把寝室里的其他同学吓坏了。寝室里其他人偷偷建了个微信小群，在群里讨论如果阿峰今天能够把暖瓶砸碎，明天会不会也像新闻里看到的那样，用别的方式伤害舍友。于是，他们商量之后，去问辅导员能不能调换寝室。

辅导员：好，你们都请坐，别着急，慢慢来，一个一个说。

A：老师，您最好还是马上给我们换一个宿舍吧，这个阿峰的脾气实在太暴躁了，我们受不了了。

辅导员：他都做了什么呢？

B：他经常在半夜的时候吼叫。其实大家都在那儿各干各的，有的打游戏，有的写作业，有的在唠嗑，但是他就会大吼一声，告诉我们谁都不许说话了。

辅导员：半夜？你说的半夜是几点呢？

C：就是晚上十一二点吧。

辅导员：哦，那个时候好像已经熄灯了吧，你们都没有按时上床休息吗？

D：我们所有的寝室几乎都是晚上12点到凌晨1点睡觉啊，这些都是很常见的事啊，只有他那么别扭，非要求晚上11:30就一定要上床。

辅导员：哦，这是他的习惯，那他怎么跟你们沟通这件事的呢？

E：他也没有怎么好好跟我们说，就是只要到12点我们还不睡觉，他就直接把灯关了。有时候大家还没有洗漱完，他一关灯，我们就特别麻烦。

辅导员：所以你们的主要想法就是，既然大家是一个寝室的，有四五个人都是习惯晚睡的，只有他一个人需要11:30睡，所以应该少数服从多数，对不对？所以，虽然他说了很多次需要按时睡觉，但是你们都没有太理会他。

B，C：是啊！

辅导员：你们说的这个情况确实是普遍存在的，大家被分配到一个宿舍，可是生活习惯有很多不同之处，有时候很多人迁就一个人，好像确实很为难。

A，B：嗯。

辅导员：其实我在上大学的时候也经常晚睡，所以我很理解你们的这个情况。但是，现在可能因为自己是老师，我又多了一些视角，我想跟你们分享一下，不知道你们想听吗？

E：老师，您说。

辅导员：在寝室这个问题上存在两个视角，第一个就是少数服从多数的视角，第二个就是公共空间和边界的视角。

从第一个视角来看，无论那个少数人的要求是否合理，只要大多数人不同意，他就应该服从大多数人。但是，从第二个视角来看，既然我们都处在公共空间，就应该照顾到每一个人的合理诉求。

我们要满足自己的诉求，但是不能以伤害他人的利益为前提。如果把这件事理解成吸烟，比如一个咖啡馆里一共有六个人，有五个人都是想吸烟的，那另外一个人是不是应该被迫吸烟？答案是不可以，因为咖啡馆是公共的空间。

从睡眠这个情况来看，学校既然要求11:30睡觉，就代表11:30睡眠是一个人正常的生理诉求。当然，如果你们不想睡也没有关系，可前提条件是不能干扰别人的休息。

所以，从阿峰的行为来看，我不认同他摔暖壶这个行为，但我可以理解他的愤怒。因为他讲了很多次他需要11:30就睡觉，可是你们都没有理解到那是他的合理诉求。所以，绝大多数愤怒与边界有关，当一个人的期待落空，或者一个人的边界被破坏的时候，他可能就会产生很多愤怒的情绪。当他多次尝试用关灯的方法解决不了问题的时候，他可能就开始做一些破坏性的动作了。

另外，现在有很多同学都特别喜欢熬夜，但是到我现在这个年龄，就知道当年熬的夜都是需要偿还的。不管有多少人习惯熬夜，但总体来讲熬夜确实会影响身体健康。所以，如果我们意识到阿峰的诉求是合理的，也可以借着他的诉求去调整一下自己的作息。

当然，我也很理解你们对他摔暖壶这个行为的担心，我也会私下里再找他聊一次。看看他有没有其他伤害别人的风险，如果真有这样的风险，我也会及时调整宿舍，保护你们的安全。

在上面这个案例中，阿峰的愤怒是很令人担心的，他可能有一些伤害他人的想法或者行为，所以辅导员一直对此保持密切的关注。但是，当寝室其他同学来讲述阿峰故事的时候，辅导员还是始终带着全面和系统的立场，了解人际互动中发生了什么。

辅导员在听到一个学生有关破坏性行为和愤怒情绪的事情时，不应着急下结论，而是应该透过这个愤怒的情绪了解当事人的边界和期待，同时应观察现实的困难是什么。

在上面寝室里的五位同学发言的时候，辅导员注意到这五位同学在认知上的一个误区，他们觉得只要是多数人都做的事，就是正常的事。但是，辅导员很敏锐地捕捉到多数人都做的事，不代表是正常的事，而只是常见的事。

于是，在跟五个人对话的时候，辅导员很敏锐地捕捉到他们在这个认知上的局限，首先去共情这五个人的担心和害怕，同时正常化他们的行为；当这个部分比较充分的时候，辅导员也会尝试去拓宽他们的认知，增加他们新的视角。

辅导员的工作主要还是在现实层面去处理具体的困难，但是越想要更高效地解决现实的困难，就越需要有足够的倾听和了解，也需要跟学生建立起良好的合作关系。

辅导员在本次谈话中首先共情了这五个人的情绪，同时拓展了他们的认知，最后讲述了阿峰可能会有哪些感受和想法，增加了同学们的同理心，同时再次规范了宿舍的行为规则。这样的工作顺序会让学生觉得老师既懂得自己，又有边界感。

第二节　自我认知

案例一　总是自责的小芳

小芳现在读研一,虽然她来到这个新学校只有三个多月,但是已经跟老师和同学们很熟悉了。她的研究生导师经常组织团建,在组会上也多次夸奖小芳做实验做得好。但是,小芳每次被夸奖后,总是显示出紧张的样子。导师感到有些奇怪,于是找到小芳询问情况。

导师:我发现你日常在跟老师相处的时候有些紧张。有时候,我是在夸奖你,但是看到你的表情其实是有一点尴尬的。我不知道是我误会了,还是你真的比较紧张?

小芳:老师,我也发现自己有这个特点,好像不管谁夸奖我,我都会觉得有些尴尬和紧张。我知道别人是真心夸奖我,但是我就是无法感受到被夸奖的那种喜悦。甚至,一旦被夸奖,我就马上想自己还有哪里做得不够好,总是觉得自己不配,或者是受之有愧。而且,我有时候特别担心别人对我期待太高,生怕自己辜负了别人的期待。

导师:哦,这样啊。你怎么会这么想自己呢?

小芳:这可能跟我小的时候,我爸爸妈妈很少夸奖我有关吧。从小我爸爸妈妈基本都是在批评我,无论发生什么事儿,他们都会从找问题的角度跟我反馈。我从小就习惯无论发生什么,都会想自己做得不够好的地方,久而久之,就觉得自己真的没有什么做得很好、值得别人夸赞的地方了。

导师:哦。这样说来,我年轻的时候好像也有相似的特点。但是,现在当我年长一点,发现自己这种凡事从自身找原因的习惯很好,总是不断地自我反省。这其实是一种自省的能力。你是一个非常有自省能力的人。你对自己的洞察总是非常深刻。这一点促使你在做学术的时候会思考得更深刻和全面,而且不太轻易会感到自满。这是一个非常了不起的优点。

小芳：真的吗？谢谢老师。我都不好意思了。

导师：是的，这真的是个优点。就是一定要小心，一定要把这个优点适度地控制在自省的程度以内，如果达到自责的程度就过犹不及了。自省会让你对自己的要求更高，更精益求精。但是自责就常常会让你很难及时肯定自己，会让你缺少力量感，也容易让你变得紧张。我是过来人，这算是一个关于人生经验的分享吧，也不一定对。

小芳：嗯，老师，我从来没想过要把自责和自省这两个概念区分开。也没有意识到，即便我自责了，其实也代表着我有自省的能力，谢谢您。

在以上这个案例里，这位导师非常细心，发现他的学生的内疚感非常沉重。如果导师再用批评的方式去让她改善自己的内疚感，那她可能就会为自己的内疚感而感到内疚。所以，导师巧妙地化解了学生的内疚感，而是去欣赏她内疚感里面合理的部分，也就是自省的那个部分，同时提醒学生调整过度自责的部分。所以，对于习惯性自责的人来讲，我们需要不断地提醒他们什么地方是合理的，反思什么地方可能是过度自责。当他们能够区分这两者的时候，就可以慢慢地恢复与事情相符的情绪反应。

案例二　选择创业的小文

小文现在是大学三年级理工科专业的学生，是一位气质文静的女孩子，目前担任院学生会的副主席。小文的爸爸妈妈，一位是教师，一位是公务员，他们对小文一向都有很高的期待，他们希望她继续读研究生，最好能够考上博士，然后谋求一个大学教师的职位。但是，小文文静的外表下有一颗强大的内心，她希望本科毕业就自主创业，这可吓坏了爸爸妈妈。爸爸妈妈联系到了小文的班主任，希望班主任能够劝劝自己的孩子不要做这个选择，他们认为女儿做出这个选择是因为她太缺少社会经验，过于冲动。班主任的职业倾向当然跟小文的父母非常相似，但依然觉得还是应该问问小文自己的意见。

班主任：小文，不知道你对未来的职业规划是怎么设想的？

小文：老师，我已经想好了，我打算一毕业就自己做专职写作。

班主任：哦，听上去你的语气很笃定啊。你愿意分享一下你是怎么思考的吗？

小文：其实在大学一年级的时候，我就开始从事写作工作了。这两三年我陆续给很多公众号写了一些相关的热文，收入也很高。所以，毕业后，我想继续从事与写作相关的工作。

班主任：哦，是吗？我还真不熟悉这个领域，原来你已经对这个领域有这么多的工作经验了，那你可以再多说说对这个领域的了解吗？

于是，小文就介绍了一下自己的工作经验以及对这份工作的理解，班主任也透过小文的介绍才发现其实自己对现在很多领域的职业已经很陌生了。

班主任：哎呀，非常感谢！你给我开了眼界呀。在我自己找工作的时候，只知道可能找一份稳定的工作很重要，但是听了你的介绍，才发现这个世界上没有所谓稳定的工作，只有所谓可持续发展的能力。你找到了自己的核心竞争力，而且这个核心竞争力相关的行业又是你所热爱的行业，真的是非常幸运的一件事！

小文：是的，我也这么想。可是我爸爸妈妈不这么想。他们觉得女孩子一定要找一个稳定的工作，不要风吹日晒的，也不要太累，也不要太奔波和劳碌。在他们眼里，如果从事互联网相关的写作，工作既不稳定，又有很多的风险，还很辛苦。我知道他们很想保护我，但是其实真正能够保护我的只有我自己。如果我做着自己热爱的工作，我的心情就会很好。如果我做着自己擅长的工作，我的成就感就会很强。这个世界很美好，给我的选择很多，我为什么不能让自己活得既愉悦又有成就感呢！

班主任：我听了你的话之后感觉好感动！确实是，能够保护你的只有你自己。你的核心竞争力才真的是自己的"铁饭碗"。很多同学都是迫于就业的压力而不断地提升自己的学历，但是他们独立思考的能力并没有随着学历的增加而提升。但是，你小小年纪真的在认真地思考自己的未来。你真的非常懂得自己。越是懂得自己的人，在做选择的时候就越自在越笃定。我一定要把今天跟你交流的这些话分享给你的爸爸妈妈，我也希望他们能够看到你的这一面。

小文：谢谢老师，你能够这么认真地听我是怎么想，这一点也让我很感动。

小文的选择听上去令人匪夷所思，她所做的选择既跟专业不匹配，也跟父母的期待和社会的主流价值观不匹配。如果不仔细地倾听小文的思考、经验以及已经具备的能力，可能仅仅通过她的标签化信息，就很容易会质疑她的选择。但是，班主任没有因为自己的价值观而放弃对小文的探索，愿意主动了解小文的所思、所想、所感，以及她对工作的准备，因此，小文才愿意敞开心扉表达真实的自己。我们的大部分学生都有很多想法，只要我们有一双愿意倾听的耳朵，他们都会愿意分享最真诚的自己。

第三节　学　　业

案例一　拖延的研究生

小张是一名研究生一年级的学生，临近期末，各门课程都要面临结课，期末作业的截止时间也越来越近。但是小张的作业一直进展缓慢，这让小张焦虑不已，她时常担心自己会因完不成作业而挂科，想要抓紧时间完成作业，却总是不自觉地拖延。由于过度焦虑，小张的睡眠质量下降，白天精神状态不佳。室友注意到小张的状态发生变化，并把这一情况告诉辅导员，辅导员得知后，决定和小张进行一次谈话。

辅导员：我看你精神状态不太好，是不是身体不舒服？临近期末了，要注意休息，别太辛苦了。

小张：没有没有，老师，我只是昨天晚上没有睡好。

辅导员：你最近经常睡不好吗？

小张：是的。

辅导员：是遇到了什么事情吗？

小张：好几门课都快结课了，要交期末作业，我都还没怎么写，就很焦虑，我怕我写不完作业会挂科。

辅导员：你是在写作业的过程中遇到了什么困难吗？

小张：我也不知道为什么，我的效率特别低。我每天都去图书馆，每天都想着要写论文，但是一到图书馆就不自觉地想看手机。打开电脑，写不了几个字，就觉得写不下去了，就又想看手机。作业越多，就越不想写，越拖就越多……

辅导员：你有没有尝试把你这些需要完成的作业做个计划呢？比如，每天写什么，写多少。

小张：这我倒没有想过。我之前是觉得还有时间，就一直拖着，后来感觉到来不及了，就越来越焦虑。

辅导员：那我们现在来试着做一下计划，好吗？

小张：好。

辅导员：你先把需要完成的作业按照要提交的日期从近到远罗列一下，然后我们一起安排一下每天写多少，什么时候写。

通过以上的对话可以看出，小张的作业拖延，主要是因为前期缺乏计划，导致作业完成进度缓慢，进而对作业产生了抵触情绪，完成进度更加缓慢。小张正是因为陷入了这样的恶性循环，才导致她过度焦虑。

辅导员没有一上来就询问小张焦虑的原因，而是从她的精神状态入手，先关心她的身体状况。这样就拉近了他和小张之间的距离。建立良好的师生关系，才能让学生敞开心扉。在小张表达出自己的焦虑之后，辅导员很敏锐地抓住了问题的关键：小张不善于制订计划。辅导员没有批评小张的拖延行为，而是在征求了小张的意见之后，和她一起制订详细的计划。

辅导员帮助小张把需要完成的内容按照紧迫程度排序，然后分配到每天，这样就把一个庞大的目标拆分成一个个小目标，既可以减轻小张的压力，也增加了她完成作业的信心。这样的信心可以增强小张的行动力，促进她完成学习任务。

案例二　内卷与躺平

小丽是研究生一年级的新生，但是近期她的舍友向辅导员反映，晚上熄灯后，小丽常常会打开自己的小台灯继续学习到凌晨两三点，好几次还听见她发出轻轻的啜泣声，舍友问她是不是压力太大，她也不愿意说。舍友便向老师反映了这个情况。于是，辅导员跟小丽约好见面聊一聊。

辅导员：小丽，你近期怎么样？

小丽：就那样吧。

辅导员：我感觉你现在的状态有点没精打采的。

小丽：嗯，是的，我近期每天都感觉很累，其实做的事情也不多。

辅导员：怎么讲？

小丽：我经常焦虑，每天似乎有种东西一直在催促着我，担心自己做得不够，落在同学后面。

辅导员：嗯，你什么时候焦虑感最强呢？

小丽：有很多瞬间，比如早上。平时早上没有课的时候，我会八点起床，宿舍里已经没有人了。睡梦里我依稀能够听到舍友们起床的声音，但是我真的很困。有一个舍友有雷打不动的生物钟，每天早上六点起床。当我意识到这点后，这让我甚至怨恨自己，怎么这么能睡呢。

辅导员：环境似乎对你有很大影响。

小丽：是的。还有晚上，十点半我就上床休息了，但是还有人在书桌前开着台灯忙到晚上十一点半甚至十二点。

辅导员：她们都在干什么呢？

小丽：嗯，有时她们写论文，老师规定论文不少于3000字，她们写6000字以上，周边很多同学都是这样的；我真的很苦恼，上一次的课程论文，老师在上课时表扬一名同学论文写了6000字，态度极其认真。从那之后，写6000字论文的同学越来越多。假如大多数同学都写6000字，那我写

3000字,岂不是被老师看起来态度极不认真。所以,我都不能选择"躺平"了。

辅导员:你们真的能写6000字吗?

小丽(叹了口气):我们很多同学都知道,论文写到三四千字的时候就已经写不下去了,为了凑字数,只能把一句话来来回回变着花样写。大家都是被"内卷"的。

小丽:老师,你知道吗?(越说越激动)我的舍友们还在忙着参加学生会、社团等活动,说是这样能够给自己加分,也有利于奖学金的评选。可是我比较内向,也不喜欢学生会的大会小会,觉得那些活动也很没意思,难道我这种性格的人就应该被淘汰吗?为什么我连"躺平"都没资格选择?

辅导员:当然不是,我感觉你在跟我讲话的时候,是友善、温和的性格。小丽,有时候你会感受到身边的压力,首先要做的是评估自身的需求,然后决定舍与得。其实是找到适合你的睡眠节律,有的人是百灵鸟型,习惯早睡早起;有的人是猫头鹰型,习惯晚睡晚起,但无论怎样,要保证有足够的睡眠,才能有灵活的思维和良好的记忆力。当然,老师也知道,评估自己真实的需求与想法,并进行取舍的过程可能是充满矛盾的,你可以列一个得失清单,文字能够帮你更加明晰自己的想法。

小丽:谢谢老师,我会认真考虑的。

通过对话可知,周边人际环境给了小丽很大的压力和焦虑感,加上作息不规律,使得小丽的生活状态很差。学会甄别无效或无意义的"内卷",认清事实,并且结合自身情况进行取舍,是克服"内卷"的有效手段。此外,在面对压力和焦虑的过程中,学生需要学会倾诉,及时与他人沟通。

案例三 学习困难

小敏是一名大一新生,最近她总是闷闷不乐,学习方面也不如刚入学时那么积极主动。刚入学时,小敏在学习方面斗志昂扬,每天坚持早读,课堂上也积极主动地与老师互动,能坚持锻炼身体,同时积极参与一些社团活动。但随着几次小测试的结束,小敏发现自己的成绩不尽人意,课堂上也逐渐跟不上老师的讲课节奏,在老师提问她时,她也总是低头不语,俨然失去了刚入学时的风采与自信。相应地,小敏也不再早起,性格也越来越内向,对社团活动和运动计划也一拖再拖。同学们看到"蔫蔫的"小敏,便告知辅导员这一情况。得知这个情况之后,辅导员打算跟小敏好好地聊一聊。

辅导员:最近你在忙些什么?我看开班会的时候,你好像也常常缺席,或者心不在焉。

小敏:老师,我没忙什么,我连最基本的学业任务都完不成,就更不可能去做别的事儿了。

辅导员:你说的是最近的几次随堂小测试吗?也有其他同学向我反应,说这几次随堂小测试太难了,想及格都很难。

小敏:对啊,老师,我就连着几次都没有及格,您知道吗,我原来可是我们高中的尖子生呢。我不明白为什么,上了大学以后我也没有松懈,为什么成绩一塌糊涂呢?

辅导员:是啊,小敏,你很优秀的,能考上咱们大学的同学都是通过层层考试选拔上来的优秀孩子。刚刚我也讲到了,大家都觉得这几次小测验很难,我也询问了你们的任课老师,她也说了这几章的内容比较抽象,理解起来可能比较困难。小敏,你觉得大学的课程和高中学习的课程有什么不一样吗?

小敏:我觉得高中时候的每一个知识点都是老师"嚼碎揉烂"后传授给我们的,大学老师的语速很快,思维跳转也很快,上课节奏也比之前快了很多……我有时候还在思考上一步的结论是怎么得出来的,结果一不留神,老师已经往后讲了十几页了……

辅导员:我非常理解你,因为我刚上大学的时候也经历过这种情况,我原来也是我们高中班里的尖子生,到了大学,来到了更大的城市,见到了更多优秀的同学,突然发现自己什么都不是了,一度也非常受挫呢。你愿意听听我当时是如何改善这种情况的吗?

小敏：真想不到您也经历过这种情况，我很高兴您能给我分享一些经验啊。

辅导员：首先，老师意识到，成绩不如意，并不是自己不优秀了，而是身边的大学同学也很优秀，相比之下，我就可能不那么"优秀"了，这并不代表我退步了，或者是我能力不行。然后，我就反思了是不是自己的学习方法不合适，毕竟大学和高中的授课方式有着极大的不同。最后呢，我也积极和同学们交流自己的想法，看看同学们有没有更好的方法。

小敏：我确实可以和同学们交流一下……

辅导员：同时，我觉得参加运动和社团活动也不是浪费时间，去运动可以强身健体，参加社团活动可以培养一门自己的兴趣爱好，毕竟学习不是生活的全部，良好的身体以及一门属于自己的兴趣爱好却可以陪伴我们很久。

小敏：谢谢老师，我好像懂您的意思啦，我回去再好好想一想。

通过以上对话可以发现，小敏之所以会丧失学习动机，主要是因为她经历数次失败之后，自我效能感变得很低。辅导员在发现这一问题后，首先帮助小敏重塑自信，同时拿其他同学也反映考试很难的例子，拉近了与小敏的距离，取得了小敏的信任与好感。紧接着，辅导员开始深入问题的实质——如何提高学业成绩，辅导员这时也并没有强迫小敏接受自己的建议，而是礼貌询问小敏是否愿意倾听自己的经验，这一举动将辅导员与学生放到了一个平等的地位上，更容易引起学生的好感，也让学生卸下了层层保护自己的"铠甲"，后期也更容易接受老师的建议。所以，成功的对话不仅仅要运用一些谈话技术，更需要温情的存在。

案例四　不适应研究生学习的小陈

小陈是一名研究生一年级的女生，因开学后的生活跟自己的预想不一样，她对自己平时的学习效果极不满意，又难以改变现状。随着期末考试时间越来越近，小陈更加觉得心烦意乱，最近一段时间还出现失眠问题，并且开始对写期末论文表现出明显的抵触情绪。室友发现了小陈最近的变化，和老师反映了小陈的近况。老师了解到情况后，约小陈晚饭后到自己寝室聊天。

老师：最近还好吗？可以了解下你的近况吗？

小陈：谢谢老师关心，最近还行吧，不过就是晚上睡得不太好。

老师：嗯？是身体不舒服，还是有什么烦心事呢？

小陈：身体没有不舒服，可能是最近作业太多的原因吧。

老师：没关系的，在作业方面有问题的话，你随时可以跟导师请教或沟通，你是最近才出现失眠的现象吗？

小陈：之前我也偶尔会出现失眠的情况，但是都没有最近多。最近连续好几天都休息得不太好，心里总担心作业完成不了，但又不知道该怎么写。

老师：那可能是学习方面的原因让你感到比较困惑，你觉得研究生阶段的学习很吃力吗？

小陈：有时候会有这种感觉，觉得挺无助的。

老师：是对所有科目都有这种感觉吗？

小陈：也不是，因为我是跨专业考试的学生，有些专业课进度走得比较快时，我就容易跟不上。看着同学们都学得挺轻松时，我就感到担心和害怕。而且我对有的课程并不是很感兴趣，所以有时候甚至还会质疑自己选的专业是否正确。

老师：那平时有你比较喜欢的课吗？在上自己喜欢的课程时，还会感到吃力吗？

小陈：也有我自己喜欢的老师和课程，上这些课的时候，我就感到轻松一些。但是，当某天有比较难的课程时，我会很害怕上课时被老师提问，所以上课前一天晚上就容易失眠。

老师：是啊，我上学的时候也会有这种情况，遇到比较难的科目时，还挺烦恼的，而且有时候对学校开设的课程也会有怀疑的情况，觉得这些课程对自己未来就业的作用并不大。但其实现在工作之后才发现，以前所学的内容或多或少能发挥一定的作用。你最近作业完成得怎么样？

小陈：还没写，我找不到写作的方向。

老师：关于这个问题，我建议你多和导师沟通一下，可以让他为你提供一些关于学习方法的建议，而且我觉得你可以尝试和班里专业课学得较好的同学聊一聊，也许能了解到学习那门课程的一些诀窍，找到一些新思路。

小陈：好的，那我先和我的导师聊一聊作业的问题，请他给我一点学习建议。

老师：嗯嗯，最近先放轻松，调整一下睡眠，学习上的事情不用太着急，慢慢来。

小陈：好的，谢谢老师……

刚上研究生的学生对新的学习模式和生活需要一个适应期，小陈面对新的学习生活时，产生了一些焦虑、担心的情绪，老师的关心与理解可以改善小陈的情绪，老师在对话中通过耐心的倾听与反馈的方法逐渐让她说出烦恼的原因，在这个过程中没有质疑她的退缩，而是谈了自己上学时的相似经历，通过共情表示自己的理解，并为小陈提供了一些建议，让她多主动跟导师沟通学习上的想法，也可以与班上同学多交流，这些做法为小陈提供了一些新思路。

案例五 不适应新环境的小李

小李因高中学习成绩优秀而被录取至某211院校，本科四年学习成绩中等，大四考研失利，回家复习一年，成功考取某排名靠前大学的研究生。入学半年来，他的状态不是很好，经常感到孤独，学习方面也有些跟不上，实验室课题进展不顺利，已经更换三个课题。他很担心自己没办法毕业，没有脸面对自己的家人，也不愿意与以前的朋友联系，怕他们知道自己过得不好后会笑话他。他很怀念以前的生活，因现在状态而自卑，反复担心那些不好的事情，不愿与他人交往，只愿意自己待在寝室。了解到这个情况之后，导师打算好好跟小李聊一聊。

导师：听同学说除了上课，你最近不太出门，总是待在宿舍不愿出去，是最近发生了什么事吗?

小李:也没发生什么事,我觉得自己有些难以融入现在的学校生活,就想把自己封闭起来。

导师:哦,是这样的,那可以跟我说一说你现在遇到哪些具体的困难,让你很难融入现在的学校生活吗?我只是想看看有没有什么具体的困难,是我可以跟你一起想办法解决的。如果我也没有办法,至少可以对你有更多的了解。

小李:嗯,来到新的学校,这里有新的老师,但老师讲课特别快,我很难跟上老师的节奏,感觉不能适应老师的教学方式。

导师:听起来好像是研究生阶段老师的教学方式和你原来的学习方式不太一致,使你感觉学习起来有些困难,那你有没有试着跟同学或者课程老师交流一下你现在的情况,寻求他们的帮助呢?

小李:是的,我感觉就是不太能适应新的学习方式和内容。其实我感到有点孤独,周围的同学和老师都不太熟悉,我也不知道该向谁求助。我挺怀念以前的生活,但是又怕告诉他们自己过得不好后,他们会笑话我。

导师:假如你的一位同学现在遇到困难而向你求助,你会怎么办呢?

小李:我可能会耐心地倾听他的遭遇和困难,如果有什么我可帮到他的地方,我一定会尽力帮助他的。

导师:当他人遇到困难时,我看到你会真诚地给予支持,即使力量很小,你也愿意帮助别人,所以你是个非常热心的人。那么,试想一下,如果当你寻求支持和帮助的时候,别人可能会怎么做呢?

小李:也许他们也会倾听并给予我力所能及的帮助,这样一想,好像我之前认为他们会嘲笑我是自己的猜想。或许我现在可以尝试和周围的同学交流一下如何应对目前的情况。

导师:嗯,非常好,我看到你好像已经找到了一些方法,可以先看看这些方法会给自己带来什么样的改变。其实,在大多数情况下,我们周围的人会在我们需要时伸出援手,前提是我们也要敞开自己。如果你还有什么困惑，如果你愿意说，我也会在这里听你讲。

小李遇到的问题是由新生适应不良引起的学业困难，主要是留恋过去，不能很好地适应新环境，不愿与新的环境和人产生联结，进而阻碍了自己的学习。导师耐心倾听，肯定并帮助小李改变认知，小李主动认识到可以积极寻求周围同学或者老师的支持和帮助。导师帮助小李建立了新环境中的支持系统，使其能在与环境良好的互动中解决适应问题，进而改变由适应造成的学业困难。

第四节 人际关系

案例一 不愿与人合作的小毛

小毛在课堂上形单影只，常常一个人坐在角落里。平时分组讨论时，他也基本不参与。任课老师多次强调这个课程非常看重团队合作能力，但是小毛很少能够参与到一个团队中。有一次，任课老师布置了一个团队合作的项目，完成期限是三周。时间已经过去一周了，小毛才跟任课老师说，他找不到合作的小组，没有办法完成老师留的作业。

任课老师本来想告诉小毛，小组作业就是在考验你们团队合作的力量，如果找不到小组，可能是你自己的问题，所以你需要想办法去解决这个问题。但是转念一想，小毛之所以就找不到小组这件事情来找老师，可能就是意味着他这方面确实有些困难。而且这个小组作业已经进行一周了，他才过来跑过来问自己，不知道他经历了什么。不如把节奏稍微放慢一点，多花一点时间跟小毛聊聊，看到底出了什么问题。

任课老师：什么，找不到一个小组？你们班有32位同学，如果每组4个人的话，刚好是8组。怎么可能会把你落下呢？

小毛：哦，老师，是这样的，确实有一组是3个人，但是这3位同学不是很欢迎我。而本来我想去另外一个4人小组，但他们说4个人已经满了。

第十章 案例解析

任课老师：哦，是这样啊，那确实是。有时候分组挺混乱，不见得是想在一起的人就刚好在一个小组。那你现在有什么想法呢？是希望能够进入那个4人小组，我允许你们5个人一组，还是希望我帮你们调一下组员？或者你还有什么别的解决方案？

这个情况在其他年级也存在，还是挺普遍的，所以，你可以考虑，对于你来讲，最合适的解决方案是什么。只要你能够把作业完成，具体的形式可以灵活调整的。

小毛：谢谢老师，可我还是不想进入任何小组，我只想一个人做这个作业。

任课老师：嗯，那也不是不可以，因为这个作业本身主要体现在你的专业能力上，如果你的专业能力允许自己一个人完成一组项目的话，那也很好。我只是觉得很奇怪，为什么作业已经都进行一周了，你才来过来问我呢？

小毛：老师，因为我非常担心，如果刚分组我就过来找你，你就会把我强制安排在其中一个小组，到时候我可能更难受。因为我就是想一个人做这个作业。

任课老师：哈哈，好吧，看来你还蛮有主见的。既然你已经决心一个人完成这个项目，不如就试一试。我们这个项目的期限是三周，如果你自己试了一周觉得很难，确实一个人完不成，到时候再跟我说，我会跟你一起想办法。

就是有一点，请你记住，有很多问题要提前预警，不要等问题已经没有转圜余地了才向他人求助，到时候我们就没有更好的办法帮你了。

在以上案例中，小毛同学之所以不想跟他人组成一个团队，核心问题是他很难在一个团队中有良好的人际关系。小毛平时在上课的时候也很少跟其他同学在一起，因此，在做分组作业的时候想融入大家，就变得愈加困难。他想一个人做这个项目，从本质上来讲是在回避人际冲突。

任课教师对这件事情的处理就非常灵活。如果任课教师再次批评小毛，小毛可能在人际关系的体验中又增加了一次他向人求助时被批评的感受和经历。任课教师只是很平和地跟他谈话，没有指责或批评他，而是和他一起想办法解决问题，这其实是给小毛增加了一次安全的人际关系体验。而在这次安全的关系体验的基础上，老师也给小毛提示，如果下次有情况，要提前跟老师讲。在这种安全的人际关系中，这个建议更容易被小毛接受，且拓展了小毛对这件事情的认知。

对于有人际关系困难的学生来讲，最有效的方法就是增加一次他在人际关系中感到安全的体验，在这个事情上，学生身边的任课教师、辅导员、研究生导师都有可能成为学生安全关系的来源。

案例二　好朋友之间的竞争

小静和小冯在大学学同一个专业，住同一个寝室，甚至还都在同一学生组织的同一部门工作。在大一的上学期，两个人关系非常好，几乎像孪生姐妹一样形影不离。但是到了下学期，两人的关系开始变得非常微妙，以致于学生组织内部的部门会上两个人都故意坐得很远，甚至有时候两个人不同时出现，如果一个人来，另一个人就不来。两个人的关系不但影响了寝室的氛围，也影响了学生组织的工作效率。在一次学生组织的团建活动里，指导老师了解到了这个事情，打算看看到底发生了什么，借机调节一下两个人之间的关系，于是老师决定分别与小静和小冯谈谈。

在询问了小静近期的学业和生活状态之后，老师单刀直入聊起了她和小冯的关系。

老师：你跟小冯的关系怎么样？在最近几次部门例会上，我看你们都坐得很远，跟上学期大相径庭。这是发生了什么事吗？

小静：其实也没有发生什么事，就是两个人在一起时间久了，突然就觉得很尴尬了。

老师：尴尬？这个词用得很特别，你们是同一个专业、同一个班级、同一个寝室，又在同一个社团，怎么会尴尬呢？

第十章 案例解析

小静：其实我也不知道这是怎么发生的，但是突然就觉得两个人之间有了间隙。

老师：别着急，慢慢来，有时候两个人关系的变化确实是渐渐发生的。不过，你有没有发现可能是某一个时间过后这个关系就有急剧的变化呢？如果你不介意的话，我可以跟你一起理一理。

小静：要说变化，可能就是这个学期刚开学的时候吧。刚开学，我有几次主动找她一起上自习，她就不怎么理我了。我个人猜想可能是上学期期末成绩我考得比她好的缘故。她以前跟我提过，她特别想争取保送研究生的机会，所以她其实非常看重学习成绩。但没想到，一个学期下来，我们什么都是一起做，但是我的学习成绩比她好很多，可能这件事让她有点受伤吧。

老师：哦，如果真是这样的话，那可能是小冯觉得自己被你比下去了，有一点难过吧。或许她也会有些嫉妒、愤怒、委屈或者是不公平感。

小静：也许吧。

过了两天，指导老师因为准备一项活动见到了小冯，于是边干活边和小冯聊了起来。

老师：小冯，你的这个项目做得很不错。我发现你在写作方面的逻辑非常清晰，而且在表达自我的时候也非常精准。

对了，我记得你以前常常跟小静形影不离，最近怎么很少看见你们在一起了？

小冯：我不想跟她在一起。不知道为什么，我每次跟她在一起，都感觉自己只是她的小跟班。我没她学习好，也没她长得漂亮，更没有她人缘好。当我跟她在一起的时候，我永远都是被淹没的那一个。

老师：哦！那这个感受可太糟糕了。本来是两个亲近的朋友，无形中却成了被人比较的人。这是真的吗？是有人拿你俩进行比较吗？还是你自己感觉到的？

小冯：没有人跟我这样说过，是我自己感觉的。

老师：嗯。当两个人关系紧密的时候，无论是别人还是自己，确实容易做比较，但是这种比较的结果可能并不是谁好或谁坏，而是比较出两个人各自的特点来。我会觉得你跟小静都蛮特别的，你俩各有千秋。小静文静内敛，做事比较专注；而你比较开朗活泼，有很多创意。不过，你们身上肯定还有很多别人所不知晓的特点，毕竟每个人都是特别的。

其实我跟你们在一起的时候，更关注的是我们彼此之间的关系和氛围，我们能不能把事情做好，以及我们愿不愿意彼此欣赏。至于孰高孰低、孰好孰坏，其实与我们每个人的感受都没有什么关系。

小冯听到老师说这些的时候，缓缓地流下了眼泪，虽然她没有回应什么，但是老师知道她懂了。

在这个案例中，指导学生组织的老师只是抱有敏感的状态，在对话中扩展了两个人对人际关系中竞争与发展的理解。有些学生容易把在竞争中超越别人当成获得自信的砝码，觉得只有超越别人，比别人强一大截，自己才是可爱的、值得被人欣赏的。一个人需要被欣赏和被认可，本来是人之常情，但是把这样的需要放置在自己要比别人优秀的基础之上，就在无形中给自己施加了压力。

而这位老师在对话中显示出来最棒的地方是他告诉学生每个生命都是独特的。即便有人会拿我们跟别人来做比较，也不要被这些比较的指标所误导。越是专注在做事与做人上，就越能够成就自己。

案例三　顶撞老师的小邱

一转眼，小邱已经进入博士一年级学习。他一直是一个很自律的学生。在硕士研究生阶段，导师对他的印象不错。他不但科研工作做得好，也会帮整个课题组做一些组织管理、财务报销等工作，有时还能帮老师处理一些学术交流方面的事情。但是，导师发现他最近好像情绪不是很好，当导师给他指出工作中的一些错误时，他还会顶撞自己，令他非常尴尬。导师提前问了课题组其他同学的意见，其他同学反馈，小邱最近好像在跟女友闹分手，老师觉得跟女朋友闹分手就顶撞自己，可能没有那么简单，于是找小邱详细了解一下。

导师：小邱，老师最近工作比较忙，顾不上关注你们的工作和生活，有的时候说话急了点儿，可能不太注意说话方式，你多包涵。你最近怎么样啊？我也好久没问你了。

小邱：哦，老师，没有没有，我最近挺好的。

导师：没关系，你在研究生阶段就跟着我，我们之间应该不用这么客气了，有什么话可以直来直往。前两天有一组数据，我觉得你在论文中没有把这个数据的意义呈现出来，我给你提了几个建议，但是你当时情绪很激动，所以我不知道发生了什么，为什么你情绪那么激动啊？是最近有什么不开心的事吗？或者有其他的压力？还是你不同意我的修改意见啊？

小邱：……（沉默）

导师：我今天之所以跟你沟通这个事儿呢，不是来兴师问罪的。因为我在家里也是一个父亲，有时候跟孩子说话也难免比较强势，我太太也提醒我，说话的时候要注意方式方法。所以，我也很想从你这里了解我有没有说话不得体的地方。你尽管说，我们一定要把很多事情沟通透彻。不要有所顾虑。

小邱：谢谢老师。其实上次顶撞了您之后，我心里非常内疚，我非常尊重您，并不想顶撞您。我后来想了想，其实可能就是您的话刚好触动到我比较敏感的地方了。

导师：哦，哪句话呢？

小邱：您当时跟我说，我把数据分析到这个程度其实没什么长进。您觉得我好像没什么追求，总是做最简单的事。这句话让我挺委屈和压抑的，我觉得自己被贬低了。

导师：哦，对，我现在重新再听一遍，这样的话也确实会让人有这样的感受，真的非常抱歉。其实我的本意是想表达我对你有很高的期待，我很看好你，所以希望我们能做一些更高难度的工作。

小邱：我明白您的意思。但是，对我来讲，我不想做高难度的工作。我就是想尽快毕业，我真的是太累了。我女朋友已经工作了两年，可是我还在这儿读书,而且不知道什么时候能毕业。我自己非常迷茫,也非常焦虑。我没有那么多精力把自己的学术搞得精益求精。我不是没有追求,但是在压力这么大的情况下,我只能先保证自己活下来。我有能力去攀登科研的高峰,我当然也有梦想。但是,我现在只想赶快找工作,赶快毕业。

导师:嗯,所以我对你的误解其实触到了你最痛的地方。一方面,你想尽快给女朋友一个交代,想尽快毕业;另一方面,其实你也很想让自己的研究做得更好一点。但是,这些对自己的要求常常让自己觉得太疲惫了。所以只能退而求其次。只是我没有理解你的疲惫,而把你当成一个没有能力水平和追求的人。这一点让你特别委屈。

小邱的眼圈有点泛红,也许有一天他不记得老师今天跟他说了什么,但是他一定会感恩自己曾经有这样一位老师。

在以上的案例中,小邱表现出来的是自己在面对导师的建议时显得非常不耐烦,感觉自己受到了批评,于是就顶撞老师。从师道尊严的角度来讲,导师完全可以批评他不懂礼貌,不尊敬师长。但是,这位导师却把学生这样一次不礼貌的行为,转变为改善师生关系的一个契机。

这位导师做得比较好的地方是带着平等的视角与学生对话,而且先进行了自我反思。这种自我反思的态度促使学生转变了自己的态度,提升了安全感,也开始真诚地表达自己内心的感受。

师生之间不仅仅是教与学的关系,或布置任务与执行任务的关系,老师还是学生人生路上的指引者。这位导师谦卑的态度只会让学生更加尊敬他。一句理解胜过十句批评。所有的学生对一门科目的热爱都是从与教师的情感联结处开始的。

案例四 被误解的小 A

某班班主任最近陆续从其他同学那里听到小 A 的情况,有的同学反馈她领到助学金之后马上就买了好几件新衣服,有的同学反馈小 A 经常吃外卖,还有的同学反馈,小 A 有几次跟自己借钱都没有及时还,每次借的也不是很多，都是 50 元、100 元的，如果自己催得紧了，对方还会说自己太小气。本来有几个同学互相通气后决定，如果小 A 以后再跟自己借钱，坚决不借给她，但是每次小 A 找自己借钱时，都让自己觉得如果不帮她好像就是自己不好，所以每次都不得不去帮她。

班主任在小 A 申请助学金的时候了解过她家里的情况。她的爸爸妈妈都生病在家，没有工作，也几乎没有收入。小 A 在学业上也一直比较努力。但是，对于助学金的使用以及向同学借钱等情况，班主任确实最近才知晓。班主任不知道小 A 是确实有困难，还是可能存在使用金钱方面的问题，所以决定先了解具体情况，再看看自己能够做些什么。在询问了小 A 目前的学习和情绪状态良好以后，班主任决定先从询问小 A 当前是否有现实压力开始沟通。

班主任：小 A，你爸爸妈妈身体怎么样了？

小 A：还是老样子，没什么进展。

班主任：那药物的开销大吗？

小 A：他们俩每个月连吃药带生活费大概需要一两千块吧。

班主任：嗯，他们的生活开销本身并不是很大，但如果再加上你的生活开销，你的负担就比较重了吧。

小 A：所以我现在就开始在外边兼职打工。

班主任：哦，你现在已经开始打工了，那主要都做些什么呢？

小 A：我现在主要兼职三份工作：一份是做网络编辑，一份是做家教，还有一份是帮一个公司发传单。

班主任：你现在课业负担也不轻，同时做三份工作的话，时间上安排得开吗？经济方面够不够开销？能不能睡好觉？

小 A：嗯，还好，编辑文字都是在晚上做，发传单就是中午或者周末做，家教也主要是在周末做。就是很多时候我起不来床，感觉很累。

班主任：那你每天的作息和睡眠怎么样？

小 A：我基本上每天只睡四五个小时。有的时候来不及吃早饭，中午又饿又困，但是通常就先睡觉了，到下午起来实在太饿了，就会点个外卖，然后就不吃晚饭了。

班主任：那也就是说，你每天只能吃一顿饭？这样，你的饮食、睡眠和生活都不规律，你可能还没毕业，身体就拖垮了，这样太危险了。而且，点外卖的话，即便是最便宜的米线、面条之类的，也要比学校食堂贵两三倍，这样花销又大，营养又不好。

小A：对，我也想过了，点外卖这个事儿确实不划算，如果偶尔想换换口味还行。

班主任：那你兼职这三份工之后，钱够用了吗？现在一个月平均能余下多少钱？

小A：我每个月最多能有3000块钱，少的时候大概有1000块钱。有时候还可以拿出500~800元给爸爸妈妈。

班主任：哦。那你的钱还是比较紧张，在不够用的时候，怎么办呢？

小A：有时候就会找同学借，临时渡过一下难关。

班主任：1000~3000元的生活费用，再加上学校的补助金，通常来讲还是可以的。但是，如果还要给爸爸妈妈分一些，确实就不太充裕了。什么时候花销会比较大，需要借钱呢？

小A：最近在衣服上花的钱比较多，买了两件羽绒服，还有两件毛衣，两条绒裤，还有棉鞋什么的，一下子就花掉1000多块钱。另外，我还在一个健身房办了一个健身卡，不过这个健身卡比较便宜，只花了112元。

班主任：这么多东西才花1000多块钱，你还蛮会花钱的。只花了100多块钱就办了一个健身卡，你真的非常厉害。而且，你的自立自强能力很强。从这么难的环境里走出来，你真的要好好照顾自己。

小A：谢谢老师这么理解我。但是我的同学们并不理解我，他们觉得我拿了助学金就应该每天穷唧唧的，就应该过得比别人惨，好像才配得上这个钱。我有时候钱不够用，会跟他们借一点，他们总是跟我说你赚那么多钱为什么还不够花？可是我真的不好意思跟他们说，我还要把钱分给父母一部分。

其实我每次也没有跟他们多借，也不会给他们造成什么实际的负担。但是他们每次都像是要被我割掉肉一样。我在想，如果我像他们一样衣食无忧，别人跟我借点钱，我绝对不会像他们那么犹豫，谁会在没有难处的时候四处跟别人借钱呢？

班主任：是啊，向别人张嘴借钱是一件很不容易的事。只是绝大多数时候别人会用人之常情的方法来理解我们的行为，但是我们可能并不是处在一个人之常情的情况下。你现在的情况呢，我觉得一方面可能还得从自己的生活作息方面先调整起来，千万不要生什么病，不能再雪上加霜了。

另一方面，可能你也需要及时向老师求助，不能总是用自己习惯的方式去解决问题。分散地借钱总归不是一个办法，主要还是需要开源节流，到时候老师可以跟你一起讨论一下。看看还有什么方法能够兼顾这几点。

在以上的案例中，其他同学已经把对小 A 的理解和假设提前告知了班主任，如果班主任把同学们反映的情况当成了小 A 的情况，直接去跟小 A 沟通，可能会导致小 A 有产生很强烈的委屈和愤怒心理。

但是，班主任在听到这些情况之后，还是非常冷静，耐心细致地跟小 A 澄清这些情况。班主任这种放下自己的假设，去跟学生沟通的做法，更容易贴近学生的内心，也更容易了解到真实的情况。

第五节 恋爱情感

案例一 小树与女朋友分手了

小树已经跟前女友分手两个月了，但他还是容易回想起两个人的过往。两个人的异地恋维持了三年，自己在路费上都不知道花了多少钱。每一次女朋友见到自己都是欢天喜地。自己也觉得只要毕业就可以步入婚姻殿堂了。就在小树已经对这段感情越来越踏实和确信的时候，女友却主动提出了分手，原因是她觉得两个人性格不合，而且，在分手之前，还说自己有一大堆毛病，这让小树无论如何也无法接受。小树想不通，难道自己真的有错吗？

小树最近两个月几乎不怎么洗头，也不怎么洗澡，不停地抽烟，经常熬夜。他一会儿对前女友充满恨意，一会儿又责怪自己没有注意到她的需求。寝室的同学看着他日渐消瘦，也非常着急，还担心他出事，就将此事告诉了辅导员。辅导员趁着其他同学没在，主动去了小树的寝室跟他聊天。

辅导员：我听说你的事儿了。

小树：听说了有什么用，所有的道理我都懂，但我就是忘不了她。我抽烟、喝酒、打游戏，让自己的脑袋被其他东西填满，就是怕想起她。

辅导员：为什么要忘了她呢？

小树：因为想起她，就代表痛苦啊。

辅导员：所以你想离开的是痛苦，忘记她是离开痛苦的一个方式和路径。那也许还有其他方式可以让你离开痛苦。你想听听吗？

小树：别的方式？什么方式？

辅导员：嗯，这个方式是我学习到的，我自己也亲自试验过，感受真的会不一样。这个方法就是当我们失去一个对自己来说特别重要的人的时候，最好的处理方案就是留下那些爱的记忆，然后去想想这个人身上有哪些特质是自己想要留下来的，这个很美好的人，什么样的品质也是自己想要拥有的，然后就努力成为自己喜欢的那个样子。

小树：我好像没太听懂您的话，又好像有点听懂了。您可以再说得仔细点吗？

辅导员：比如说，现在你可以邀请自己去回想一下，在你们谈恋爱的这三年里，有什么是你觉得特别珍贵和美好的回忆？

小树：那太多了。印象最深刻的一次就是，她的学校那年冬天下特别大的雪，而我已经答应在圣诞节前去看她。本来因为天气原因，飞机经常停航，她就说你别来了。结果我没有告诉她，偷偷坐着火车去找她。虽然比预想的时间晚了一天，但我还是给了她一个大大的惊喜。她超级感动，她说那是她活到这么大最温暖的一个冬天。

辅导员：是啊，真的太美好了，我听着都好感动。忘记了这样的美好时刻多可惜呀，一定要把它记下来。你现在可以重新想一下这个画面，把它当成一个照片儿，放在脑海里，放到心里。

小树：真的可以放到心里吗？我想起来的时候会不会痛？

辅导员：当然会痛啊，这么美好的一段感情就这样停止在这里了，任何人都会痛。但是，当你把这个美好的记忆记住后，它会提醒你，你是一个多么有爱的能力的人。

小树：嗯。可是有爱的能力又能怎么样啊！她分手的时候还是说我有一大堆问题。说我不能陪在他身边，说我不善于沟通，甚至还说我总是不表达自己的情绪。

辅导员：难怪你这么难受，原来她在分手的时候说了你这么多的问题啊。当她用这种方式跟你分手的时候，你会觉得自己的真心全都白费了，自己的很多用心之处都没有被她看到，同时会怀疑是不是因为自己真的不够好，所以才导致分手。

小树：对。

辅导员：所以说，分手的时候，千万不要用一堆对对方的指责作为结束。分手是两个人的决定，爱情是两个人的关系。用这样的方式来结束关系，对人的伤害真的太大了。

小树：是的，所以我常常想，我是不是没有能力去保护一个我爱的人。我从来没有这样彻头彻尾地否定过自己。

辅导员：我不知道你跟你女朋友和我跟我女朋友是不是一回事儿啊，我想跟你分享一点我自己的理解。我女朋友也会说我不善于沟通，不表达情感。但其实我不是不善于沟通，而是她在跟我说的时候，我希望尽量满足她的期待，既然怎么做都无所谓，那就她说什么就是什么。如果她生气了，我也不想去顶撞她，或是跟她争执，以防止更激化两个人的矛盾。但是，她不明白我的苦心，每次当我沉默的时候，她都把我当成一个不理她的人。

小树：是的，我也是这么想的。可是，你女朋友没有跟你分手，而我女朋友却跟我分手了。

辅导员：是啊。所以说分手的人的问题不见得就比那些没有分手的人大。但是，无论放弃或不放弃，都是两个人的事情。不能由一个人来决定在一起或不在一起。

小树点点头，若有所思。

在以上这个案例里，小树因为失恋而对自己产生了强烈的否定，从而产生了抑郁情绪。在这样的情况下，人际支持最能够帮助他恢复自己的心理能量。周围的同学们也非常理解他，非常关心他。辅导员在同学那里听到这个消息之后，也主动去关怀他，还帮他调整了错误的认知：①离开一段关系很痛苦，但不能用忘记的方式去处理，而是要用建设性的方式去纪念它，并且留住一些爱的联结；②任何一段关系都不能单纯地把责任放在一个人身上，所有的关系都是在互动中产生的。

辅导员耐心细致地跟小树沟通，还主动分享了自己的经历和经验，既在情绪上平息了小树的悲伤，也恢复了他对自己的全面、系统认知。

案例二　不敢恋爱的小花

小花在老师的办公室里值班，听到几位老师在工作间隙谈论与恋爱有关的话题，觉得老师们讲得都好有道理呀。但是，用这些道理来解释自己家庭中正在发生的事情，好像还是梳理不清楚。她一直都不想谈恋爱，即便她很渴望一段爱情，但是好像一想到要谈恋爱这件事，她就会回避，变得很恐惧。小花反思了一下，好像这个恐惧与自己的爸爸妈妈有关。

原来从她记事起，小花的爸爸妈妈就一直在吵架，吵得非常凶，有时甚至会动手打起来。但是打完之后，两个人的感情又会甜蜜好长一段时间，你爱我，我爱你的。所以，在小花的印象中，爱情是个很可怕的事。

小花将自己的体验分享给老师，想听听老师的想法。

老师：对呀，爱情确实是个很可怕的事情。因为每个人在投入爱河的时候，都很容易迷失自己，也很容易把对方理想化，恨不得把自己这一辈子在家庭、生活中没有得到的爱，全都从对方那里得到。

小花：是啊！我爸就曾经说过，特别希望我妈英语好，因为他评职称考试的时候英语不太好，又没有人辅导他，他就跟我妈说，你要是英语好该多好啊，我妈听了就生气了。而我妈呢，就特别希望自己在跟同学聚会的时候有面子，所以特别希望我爸晋升得快一点儿。可是我爸永远都是在二把手的位置上，怎么也上不去。

所以他们俩老是拿对方的软肋指责对方，说着说着就动起手来了。我常常想，你们既然那么瞧不起对方，干嘛还要在一起呢？我上次放寒假回家的时候还在劝他们干脆离婚算了。

老师：如果他们常常互相指责的话，确实是挺容易伤害感情的，不过他们这么多年没有分开，可能不是代表不爱。你看他们两个在互相指责的背后，实际上都有对对方很深切的期待。指责只是他们的行为习惯，但实际上他们表达的是自己的期待。

小花：哦，有道理呀。对，其实我妈就是希望我爸更上进一点，而我爸也希望我妈能够在自己的专业上更好一点。

老师：是，所以有的时候有期待是没错的，但是当对方没有按照自己的期待让自己满足的时候，自己就难免心生怨恨、愤怒和委屈，所以就会变成指责，再压向对方。但是，越是在亲密关系里，越是要冷静一些，无论我对对方有多少期待，但是对方也没有义务必须一一满足我的期待。如果我的期待刚好满足了，也不要理所当然，而是要去庆幸自己的幸运。如果自己的期待没有被满足，要好好告诉自己，把自己负责的事做好就行，不必对别人有过高的期待。

小花：那我就听不懂了，我的期待都要我自己负责，我干嘛还要他呢？

老师：是的，我们作为亲密的恋人，彼此之间一定有很多的需要。但是，这些需要的本质部分是有这样一个稳定的温暖的存在，他愿意懂我，他愿意关怀我，他愿意关心我和爱我。如果对方不能够满足自己全部的期待，但是可以满足一些基本的需求,其实这就是一段好的关系。

这就好比如果我需要一棵树乘凉的话,只要这个树是在给我遮阴,而我为这棵树浇水,我们彼此的关怀和爱就有了。至于这棵树上是不是必须有橙子,还是既要同时有橙子、梨,还要有苹果,那其实就不见得都要一一满足了。

小花:哦,原来如此,有道理。

在以上的案例里,小花同学一直对父母之间的关系有很多自己的理解。而这个理解也影响了她对感情生活的看法。如果她不主动表达自己的看法,也一样可以活得很好,但既然这些想法给她带来一些困惑和痛苦,又愿意主动跟老师说,那老师当然就可以分享一些属于自己的人生经验和想法。

老师的分享里最核心的部分是,要区分什么是爱,什么是爱的表达形式;要如何透过一个人的指责与批评,看到这个人背后的期待。老师在分享这些部分的时候,并没有说小花的认知是错误的,他只是在温和地分享自己看待这一现象的另外一个视角。这样就引起了小花的好奇和反思。

案例三 她是很物质的女孩吗?

小刘最近谈了一个女朋友,但是这个女朋友让他对女性产生了非常多的困扰。这个女孩子三天两头地跟他闹矛盾,耍小脾气,有时候批评他不够浪漫,不给自己买鲜花;有时候又话里话外地暗示,他应该给自己买个小礼物;有时候还会要求他请她去一个比较贵的餐厅吃饭。小刘觉得这个女孩很物质。刚好小刘跟社团的指导老师很熟,于是跟老师倾诉了这件事,并且表达了自己的困扰。

老师:确实是要多留意一下这个女孩的这些情况。同样是这种行为,有的女孩儿就是很物质,真的会跟男生要这个要那个的;有的女孩儿呢,可能是把这种方式当成对自己爱的表达,例如你越愿意给我花钱,就越代表你爱我;还有的女孩儿呢,主要想通过这样的方式来控制男生。所以你的这个女朋友是哪种情况,现在其实我们还不太知道,可以多观察观察。

小刘：哦，老师你说的这几种不同的可能性确实提醒我了。我一开始就把她当成了一个很爱钱的女孩，并没有对她的行为想太多。但是你现在说完之后，我觉得她比较像是第二种。

老师：哦？那你说说看。

小刘：她不但要我给她买小礼物，她也经常主动给我买小礼物，比如说一副耳机或者是一个手机套。但是我觉得这些钱都没有必要花，太浪费。当我说她浪费的时候，她就特别不高兴，批评我没有情趣。然后她说，如果一个人深爱着另外一个人的话，一定会时时刻刻想到对方，当自己有一些什么事情或者心情就会希望跟对方分享，或者哪怕独自一人去商店或者超市都会想到，如果对方在旁边会多好。所以，女友觉得她之所以会买这些东西，是因为她在时时刻刻都想着我。

但是，因为我从来没主动给她买过东西，她就觉得我在理所当然地享受她对我的好，而我对她就比较冷漠。

可是我也没有很冷漠呀。本来我有很多要做的事儿，可是只要她叫我，无论我多忙，都会去找她并满足她的需求。而且，即便她说很过分的话，我也不会像她批评我一样批评她。可是她就不一样了，只要我做出一件小事儿让她不开心，她就连哭带闹，然后把我标签化为一个冷漠的人。她可以从任何一件小事得出我不够爱她的结论。

老师：嗯，你说的情况听上去确实比较像是第二种，她对这些物质的理解是你越爱我就越愿意给我花钱，你越爱我，就越时时刻刻想到我，你越爱我，就会越主动想到给我买一些小礼物。

小刘：不过，即便是这样，我也真的承受不了，因为我做任何事情，只要不按照她的需求和心意去做，就都是不爱她，这一点也确实让我觉得很疲惫。

老师：你的这个感受太真实了，有很多情侣就是在这样的疲惫中不得不分开了。所以，你一定要小心，不要对这种疲惫感视而不见。如果你愿意的话，其实也可以尝试着把你的这种疲惫感告诉对方。也可以把她要东西其实是想证明你有多爱她这个理解讲给她听,看看她的反应。

所以,任何时候都别先着急做决定,而是给自己一些机会再多观察一下,当然,在观察时,也要及时地跟对方沟通反馈,说说自己真实的困扰和想法,这样才有机会读懂两个人的差异。

小刘:嗯,谢谢老师的提醒,我现在真的被她烦到了,就想着既然我这么不好就分手算了。但是,现在我还是决定再试一试,先不轻易说分手。如果跟她沟通之后,她还是不改变,我觉得就应该结束这段感情了。

老师:一段关系总是在两个人的互动和合作过程中形成的。不要把自己对对方的理解当成对方原本的样子。如果在关系中提高了自己的交友能力,即便最后分手,对两个人也是有益的。

在这个案例中,小刘最大的困扰来自女朋友。女朋友对自己有很多的期待,小刘必须都要逐一实现。如果有一项没有完成,小刘的女友就会愤怒地指责他。小刘把女友的这种模式当成了对方是一个物质女。但是,也许是他的女友在爱的关系中缺少安全感,总是想找到更多的证据证明对方是爱自己的。老师通过提出多种假设,帮助小刘拓展了对女友的理解。

案例四 要不要表白?

小齐是一个文静内向的男生。虽然已经大学二年级,但他还是很少跟班里的同学讲话,也不太参加集体活动。但最近他的变化有点多,同学们都看在眼里。首先他去烫了头发,做了造型,衣服也开始变得时尚起来。其次是在宿舍聊天的时候,自己经常不自觉地就笑了,跟宿舍大家聊天的话题一点都不相干。小齐也开始主动向宿舍里有女朋友的舍友学习恋爱经验,例如怎么样讨女生欢心等。班主任在深度访谈的时候了解到这样的情况,打算跟小齐本人谈谈。

班主任:小齐,请允许我八卦一下,最近你的服装、形象、气质等方面好像都发生了一些变化,是有什么新情况吗?

小齐:没有,老师。你说得我都不好意思了。我的变化有那么明显吗?

班主任：嗯，是有些明显，因为你本来就很帅，稍微一打扮就帅得耀眼。

小齐：哦，谢谢老师。其实要说有变化的话，也是有一点点，但是要说没变化呢，就是基本没有变化。

班主任：哦，那请你具体说说到底有什么变化呢？这么神秘。

小齐：我最近在参加一个音乐社团的时候认识了一个女孩，这个女孩是我在高中的时候就喜欢的类型。她长得非常清秀，做什么事儿也都是有张有弛的，感觉非常成熟。

我跟她不是特别熟，但是也算是有几面之缘了，她也知道我是这个社团的。

班主任：所以呢，那你的这个变化跟这个女孩的出现到底是什么关系呢？

小齐：问题就是我想追她，又不敢跟她表白。我怕一旦我跟她表白了，她对我没有意思的话，那我们两个在一个社团里就会非常尴尬。

班主任：哦，深有同感，任何人在自己喜欢的人面前都会紧张和忐忑。同时，这种表白之后的结果到底会更糟糕，还是更好，有一定的不确定性。那在表白和不表白之间还有其他的方案吗？另外，如果表白的话，怎么做会好一点？如果不表白，怎么做会好一点？

小齐：我想不到其他方案了。我只是希望如果我表白了即使她不同意也不会取笑我，然后我们就当作什么都没发生一样，再回到原点就好了。

班主任：嗯，对呀，这倒是一个切实可行的方案。如果喜欢，就大胆地说出来，你一定不会因为自己对对方表白了，就认为对方喜欢自己。

所以，关于爱情这件事呢，有一个我们想象不到的规律，就是为了节省时间和提高效率，每个人都只和对方表达自己最想表达的那部分。不要为还不熟悉的两个人做决定，而是透过自己的自我觉察，去提升爱的观察力和表达能力。

小齐：听你这样一说，我对表白这件事情松弛多了，要不然就会一直在纠结。

这个案例主要讲的是在交往早期,很多人可能会彷徨。其实这个男生最后会不会去表白,班主任无法预测。班主任借此机会主要强调了在亲密关系中既要有依恋的感觉,也要有两个人相对独立做自己的事情,为自己的生命负责的状态。

第六节 家 庭

案例一 原生家庭的"完美"与控制

小优是一名大三的同学,一直很努力,成绩处于班级中上游。但是这天突然来找班主任商量退学的事情,班主任很错愕,在她的印象里,小优成绩尚可,平时学习也很认真,和同学们交往也正常,父母也经常会和自己联系询问小优的状况,怎么就突然提出退学呢?

班主任:小优,怎么突然想起退学了呢?

小优:我不是突然想起的,大二开始就想过。

班主任:当时发生了什么呢?

小优:我成绩不好。

班主任:我记得你的成绩虽然不是拔尖,但每次综合测评基本都是在班里第10名左右,也没有挂科,老师觉得还可以啊。

小优:是呀,第10名,按照往年的比例,我们这个专业这个班级,保研名额也就是6个左右吧?所以我无论如何保研是没戏了。

班主任:保研不行,每年还有很多人考研啊。

小优:我爸妈可不是这么认为的。我大一刚来学校的时候,觉得哪里都特别新鲜,也没有我爸妈整天盯着我,一下子就特别放松,一点都不想学,不学成绩肯定上不去,但是我却控制不了我自己。我现在觉得我的大学生活很不完美,我想退学重考,过一次完美的大学生活。

班主任：怎样是完美的大学生活呢？

小优：从进校起，每一堂课都认真听，每一道题都认真做，每一次考试都是第一名。

班主任：哦，这个标准真的很高啊。

小优：高吗？从小我爸妈就告诉我要做就做到极致。我在家的时候，爸妈就能精准地帮我把一切都规划好，每次吃饭，吃多少米饭、蔬菜、肉，他们都会精准地放在我的餐盘里；我上大学的时候，妈妈每个月会来学校一次，她会帮我把衣服从里到外按套整理在不同的塑料袋里，我每次只需要拿出来换一下，完全不用考虑搭配和厚薄。我爸妈把我的生活打造得如此完美，我却因为自己不好好学习破坏了这份完美，我想推倒重来。

班主任：听你这么说，我才知道这两年你其实并不快乐，每天都生活在一种自责担心和纠结中，老师有点心疼你。我想问你三点：第一，在家里的完美生活，是否真的让你感到快乐？第二，你有没有想过为什么自从上大学后，你在学习上会有种不可遏制的"失控感"？第三，是否只有推倒才能重来？

小优听完后若有所思。

在以上的对话中，可以了解到小优的"不想学习"和原生家庭中的"高度控制"是密不可分的。常年的"尽心照顾"，已经让小优分不清哪些是关爱、哪些是控制，他内化了原生家庭中的一些超乎寻常的严苛，也为自己的学习制定了严苛的目标。但与此同时，对自由的向往是人类的天性，小优在没有父母监督的时候，会不由自主补偿般地寻求自由自在的感觉。班主任在谈话中，首先回应了小优的感受，并且在共情中联结，这是小优在原生家庭中比较少感受的部分，接着，班主任不是直接否定小优退学的想法，而是使用提问的方式促进小优思考，提升他的内在力量，从而作出自己真正想要的决定。

案例二　爸爸妈妈请不要再拉扯我了

宿舍同学向辅导员反映，最近一个月的时间，每当家里来电话的时候，小艾都会离开宿舍聊很久，回到宿舍眼睛还红红的，一看就是刚刚哭过，问她也什么都不说。以前活泼开朗的她，现在回到宿舍就躲在自己床上，有时课也不上，舍友们很担心。辅导员询问后，得知现在小艾正一个人在宿舍，于是她来到了小艾宿舍。

辅导员：小艾，怎么今天没去上课啊？是身体不舒服吗？

小艾：老师，我……（开始掉眼泪）

辅导员：小艾，有什么事告诉老师，看看老师能不能帮你。

小艾：老师，我爸爸妈妈最近在闹离婚。其实他们一直吵吵闹闹的，我从小都习惯了，他们离婚我一点也不意外。他们商量让我跟我妈，我也大了，无所谓跟谁。但是他们现在有两套房子，本来他们两个人一人一套就好了，结果现在我妈非要让我去跟我爸说把那套房子过户给我。我不想要我爸的房子，我要来了就被我妈占着，我爸住哪去呀？可是我妈非不听，天天打电话让我跟我爸说，我跟我爸提了一下，我爸也骂我白眼狼，我本来什么都不想要，结果现在爸爸妈妈都骂我。

辅导员：这个事可真是难为你了。你既不想惹妈妈伤心，又心疼爸爸，自己夹在其中左右为难。家里有其他人知道这事吗？

小艾：只有小姨，时不时会打电话问问我的情况，我爸我妈现在眼里都只有这个破房子，我的死活已经不重要了。

辅导员：父母之间的事很复杂，这么多年的爱恨情仇现在全部都投射到一套房子上了，但无论如何，他们都应该多考虑考虑你的感受。你看老师方不方便跟你小姨通个电话？老师想跟你小姨谈一谈你目前的状况，请她去做做你妈妈的工作。你这边呢，该干啥就踏实干啥，告诉爸爸妈妈，房子的事，他们俩自己协商解决，你要重新投入学习了，这样将来才能挣钱给他俩提供更好的生活，你说是吗？

小艾：老师，你说得对，我不想这辈子被一套房子限制住，我的路长着呢。

小艾的父母将孩子拉入了自己的离婚财产分割中。对于孩子来说，父母都是给予自己生命的人，站在任何一边，都是对另一边的伤害与背叛，这种拉扯给孩子带来的纠结与痛苦，远超过离婚本身。在这个案例中，小艾经历的不仅是拉扯，还有亲职化的问题，简单说就是父母把本该自己承担的家庭责任转嫁到孩子身上。在一些家庭中，存在着"大孩子+小父母"的现象，孩子承担着稳定父母情绪的工作，但与此同时，这项任务是他们这个年龄的"不能承受之重"，孩子所做的一切，都是为了满足父母的需求，根本没有时间和精力去做自己。但这毕竟是家事，辅导员处理这类事情的出发点是为学生创造好的学习环境，而不是处理家庭纠纷，所以案例中辅导员主动要求先和小姨沟通，一方面照顾父母的面子，一方面也是希望通过小姨去做其他人的工作，让财产分割这样的事情回归到父母之间，让孩子能够安心做自己想做的事。

案例三　爸爸妈妈，我什么都不要了

小琪从小就是一个听话懂事的孩子，学习成绩一直很好，高考如愿考上了爸爸妈妈也很满意的大学，但是刚刚进校没多久，小琪就向学院递交了休学申请，非常坚定，学院主管学生工作的副书记很惊讶，连忙将小琪叫来询问究竟。

小琪：老师，我已经想得很清楚了，我要休学一年。

副书记：可是你刚上大一啊，宿舍关系融洽，学习刚刚开始，也谈不上有什么学习压力，到底是因为什么呢？

小琪：我就是想休息一下。

副书记：休息一下？

小琪：对。上学这么多年，我实在太累了。

副书记：你最近睡眠、饮食都正常吗？

小琪：老师您放心，我这些都没问题，我的情绪也很稳定，这个休学的决定，是我自己认真考虑过的。从小，我就是一个好学生，爸爸妈妈也知道我学习自觉、努力。但是也正是因为他们清楚地知道这一点，所以他们也一再地"利用"这一点。小学的时候,同学们在一起玩电子游戏,我也很想玩,但是爸爸妈妈说那个东西不好,千万不能沾;上了初中,同学们都有智能手机了,我也想要一台,他们说等你考上重点高中就给你买;我中考成绩不错,这时他们又说,如果A高中(当地最好的高中)录取你就给你买;A高中录取我了,我觉得这次无论如何他们会给我买的,但是他们又让我参加A高中的暑期夏令营,通过夏令营上了重点班就给我买。我上了A高中的重点班,但是这个时候,我一点也不想要这个手机了。考上这个大学,我很开心,这个专业虽然不是我自己选的,我也不排斥。但是上了大学后,我每一天都很难过,我看着身边生龙活虎的同学们,突然觉得我似乎没有真正活过。所以,我休学,是想真正活一次。

副书记:听完你的话,我对你的决定有了更多的理解,但作为老师,我也有责任和你一起核对清楚休学会给你的生活会带来哪些变化,有一些影响你需要自己去面对和消化,例如包括你的毕业时间会推迟、现在的同学会变成师兄师姐等,还有很重要的一点,就是如果休学了,你打算怎样利用这段时间?

小琪:老师,我有计划的,前五个月我想去旅游,路线是这样规划的……

这个案例中,小琪的乖巧懂事成为父母不断提高要求的阶梯,这在日常生活中并不少见,孩子做完一张卷子,父母会要求再做一张巩固一下吧;孩子一个小时就写完作业了父母会要求再做点课外习题吧……在这个过程中,孩子需要通过不断压缩自己的需求来调整自己的情绪体验,但就像弹簧,压下去的越多,弹起来的就越高。小琪在刚上大学就做出休学的决定,就是对许久以来压抑感受的释放。

2018年起,00后开始步入大学校园,他们自我意识的发展程度很高,往往会不安于传统的发展路径。所以当我们听到学生提出"休学"决定的时候,首先要做的就是去了解具体原因,听他倾述。如果合情合理,接下来就是要协助他做好休学期间的规划,给予力所能及的支持。案例中的小琪对自己休学这件事规划得很清晰，也知道自己想要什么，学院副书记也跟父母进行了沟通，沟通后父母意识到过去这些年孩子所承受的巨大委屈，同意了小琪的休学计划。

案例四　无法到场的家长

小莲今年研一，从外地一所普通高校考研进入现在这所重点大学，她付出了很多努力，导师知道她家庭经济条件不好，特意给她在实验室安排了勤工助学岗。但这段时间以来，导师发现小莲精神状态不好，工作中也常常发呆，一问才知道她已经失眠一周了，整宿睡不着觉，每天都会莫名奇妙掉眼泪。导师赶紧联系辅导员和心理中心，心理中心评估后建议小莲去了医院。医生诊断重度抑郁，建议住院，小莲自己同意住院，但是根据医院的规定，必须有家属签字才能办理入院手续，但当心理中心的老师拨通小莲妈妈的电话时，没说几句妈妈就开始哭诉。

小莲妈妈：我怎么这么命苦啊，她爸爸瘫痪在床上要人伺候，现在孩子又病了，我可怎么办呢。家里我也走不开，来了也没钱给孩子治病啊。

心理中心老师：小莲妈妈，您别着急。小莲是我们的学生，我们会尽力帮她，但是现在需要您的配合。市里的专科医院对学校开设有绿色通道，挂号肯定没有问题，学校对学生就医住院可以按规定报销一定比例的费用，所以钱的事您也不用太担心，现在需要您来学校，和我们一起带小莲去医院办理入院手续，有您在身边，小莲心里也会更踏实。

小莲妈妈：可是我现在走不了啊，她爸爸身边根本离不了人。

心理中心老师：那小莲还有哥哥姐姐吗？您签字授权给他们，他们来也可以。

小莲妈妈：她有个表哥在你们那边打工，我让他去可以吗？

心理中心老师：没问题，我现在把授权书的格式用手机发给您……

在学校心理工作中，我们常常会遇到送学生就医需要家长签字或到场的情况，有时不会很顺利。在这种时候，我们需要知道家长是因为什么为难、

担心的是什么、回避的是什么。然后从实际的困难入手,排解他们的担忧。一般来说,家长的担忧主要涉及以下几个方面:

(1) 一时无法接受孩子有精神疾病;

(2) 经济困难;

(3) 对在大城市挂号看病心存恐惧;

(4) 对精神疾病本身有恐惧回避心理;

……

遇到和家长沟通不太顺利的时候,辅导员、导师要学会换位思考,倾听、理解家长的苦衷,在政策条件允许的范围内,帮他们排忧解难,奠定良好的合作基础,达到家校共育的目的。

参考文献

[1] 赵文滔,许皓宜. 关系的评估与修复[M]. 4版. 上海:华东师范大学出版社,2021.

[2] 格根. 社会建构的邀请[M]. 杨莉萍,译. 3版. 上海:上海教育出版社,2020.

[3] 卡什丹. 客体关系心理治疗[M]. 鲁小华,等译. 3版. 北京:中国水利水电出版社,2009.

[4] 米纽秦,雷特,博尔达. 大师的手艺与绝活[M]. 曾林,译. 上海:华东师范大学出版社,2016.

[5] YALOM. 给心理治疗师的礼物[M]. 张怡玲,译. 北京:中国轻工业出版社,2015.

[6] 施利佩,施魏策. 系统治疗与咨询教科书[M]. 史靖宇,等译. 北京:商务印书馆,2018.

[7] 伯克. 伯克毕生发展心理学[M]. 陈会昌,等译. 4版. 北京:中国人民大学出版社,2014.

[8] CORMIER,NURIUS,OSBORN. 心理咨询师的问诊策略[M]. 张建新,等译. 北京:中国轻工业出版社,2004.

[9] 赖丹凤,赵新刚. 心理疏导:助人与自助之路[M]. 北京:机械工业出版社,2019.

[10] 吴凯凡,王聪慧,季茂茂. "三全育人"背景下加强高校重点关注学生管理的探索研究[J]. 科教文汇,2021(14).

[11] 吴青枝. 心理辅导员的自我觉察及保持[J]. 思想理论教育,2003(11).